나는
건물주로
살기로 했다

나는
건물주로
살기로 했다

빌딩진영쌤 김진영 지음

THE NAN
더 난 콘 텐 츠

추 천 사

나는 실전에서 유용하게 활용할 수 있는 책을 좋아한다. ≪나는 건물주로 살기로 했다≫는 무엇보다 해당 분야의 경험과 지식을 두루 갖추었다. 이 책을 통해 빌딩 유망 지역부터 가치를 올리는 법, 건물을 리모델링하는 방법 등 건물 투자에 관한 지혜와 경험을 얻을 수 있을 것이다.

_행크TV 송희창

부동산은 안정적으로 투자하면서 단계별로 자산을 확장할 수 있는 유일한 투자 대상이다. 내 집 마련은 물론 누구나 건물주가 될 수 있다는 것을 지극히 평범했던 워킹맘의 스토리를 통해 직접 확인해보라. 시간이 없어서, 돈이 없어서 못 한다고 하는 사람들에게 이 책을 선물하기를, 그리고 이 책을 읽는 사람들이 경제적 자유를 얻기를 바란다.

_빠숑 김학렬

대다수의 사람들은 부자가 되고 싶어도 부자가 될 수 없는데 김진영 대표는 어떤 노력을 했기에 건물주가 되어 부자의 위치에 올라갈 수 있었을까? 이 책에는 김진영 대표의 20대를 체감할 수 있을 정도로 실제 건물주가 되는 일련의 과정이 모두 담겨 있다. 이 책을 읽고 단번에 건물주가 될 수는 없겠지만 건물주에 한 걸음 가까워질 거라고 100% 장담한다.

_러셀TV 황서진

빌딩진영쌤은 절대 그 누구에게도 불가능은 없다고 말한다. 건물주가 되기까지 도전과 결과, 경험을 기반으로 확신에 찬 말이다. 그리고 어떻게 하면 평범한 사람들이 돈을 벌고 모두가 꿈꾸는 건물주가 될 수 있는지를 누구보다 잘 알고 있다. 재테크에 전혀 관심 없던 나 역시 이들을 통해 부동산의 마법을 알게 되었고, 지금은 이들과 함께 열심히 공부하며 강남 건물주의 과정을 밟고 있다. 정말로 인생에서 역전극이 필요하다면, 그리고 건물주가 되고 싶다면 이 책을 꼭 읽기 바란다. 이들은 정말로 '쩐'이니 말이다.

_안대장TV 안규호

무에서 시작해 번듯하게 자산을 일궈낸 빌딩진영쌤의 스토리는 부자는 만들어진다는 희망을 갖게 한다. 내 집 마련 이후 길이 막막한 이들에게 자산 디벨롭의 필요성과 방법을 친절하게 알려주는 이 책은 '빌딩 교과서'임과 동시에 풍요로운 삶을 위한 '자본 계발서'이다. 이 책을 덮는 순간 나만의 빌딩을 짓고 있는 당신을 만날 수 있을 것이다. 지금의 조건으로 당신의 빌딩을 지어라.

_횔횔 박성혜

김진영 대표는 단칸방 워킹맘에서 시작해 강남 최고의 빌딩 디벨로퍼이자 강남 건물주가 되었다. 그 과정을 옆에서 지켜본 나로서는 이분의 열정과 전문성에 감탄을 금치 못했다. 이 책을 다 읽고 나면 길거리에 보이는 노후된 건물들이 아직 가공하지 않은 원석으로 보일 것이다. 강남 건물주를 꿈꾸는 사람이라면 무조건 이 책으로 시작하라.

_아이언키 최진성

대한민국 부동산에서 으뜸을 꼽자면 강남의 부동산, 그중에서도 건물일 것이다. 많은 사람들이 강남의 건물은 원래 돈 많은 사람들만 매매할 수 있는 것이라고 생각한다. 빌딩진영쌤은 부자들만 건물을 살 수 있다는 고정관념을 깨뜨렸다. 많은 사람들이 경제적 자유를 꿈꾼다. 하지만 경제적 자유까지 가는 길을 모르면 목적지에 도착할 수 없다. 거인의 어깨에 올라가면 목적지에 이르는 길을 볼 수 있다. 지금 이 책을 통해 건물 투자 전문가라는 거인의 어깨에 올라가기를 바란다.

_머니테이커 정승요

주택가 골목 안쪽.
누구도 생각지 못했던 곳에서 맞닥뜨리는 카페 '소설원 망원'.
도심지의 번잡한 분위기와는 달리 문을 열고 들어서면
창살 너머로 들어오는 햇살과 널찍하게 놓인 테이블 덕분에
여유를 즐기기에 안성맞춤이다.
노후 주택을 일본 가정식 카페로 개조해
동양미를 최대한 살린 디저트 카페 소설원은 핫플레이스가 되었고,
나는 카페의 주인이자 건물주가 되었다.

소설원 망원

맛과 멋을 모두 잡은 익선동 도넛 카페 '도넛 정수'.
탁 트인 루프톱에서 한옥 뷰를 보며 여유를 즐길 수 있는 곳.
이곳은 단숨에 핫플레이스가 되었다.
평소 아내가 카페 사장이 되는 것이 꿈이라고 했던 교수님.
노후 자금으로 익선동의 낡은 건물을 매입해
내 건물에서 하고 싶은 카페를 하며
2가지 꿈을 동시에 이뤘다.

도넛 정수

내 건물에서 레스토랑을 직접 운영하고 싶은 사람
조기 은퇴를 꿈꾸는 파이어족 20대
은퇴 이후에 취미생활을 하면서 여유로운 노후를 보내고 싶은 사람……
내 건물을 가진다는 것은 결코 다음 생에나 가능한 일이 아니다.
간절하게 꿈꾸는 한 이번 생에서 반드시 이룰 수 있다.

건물은 단순한
부동산이 아니다

20대의 나는 평범한 직장인이었고, 보증금 500만 원에 월세 60만 원짜리 원룸에서 신혼을 시작했다. 태어난 지 한 달도 채 되지 않은 젖먹이를 떼놓고 밤낮으로 일에 매달려야 했던 초보 엄마. 미래에 대한 불확실함으로 인해 둘째를 낳을 엄두도 못 내던 워킹맘. '내 집 하나 마련'하기 위해 하루하루 악착같이 일했다.

그로부터 14년 후, 나는 지금 서울 강남과 마포에 건물 2채와 60평대 고급 빌라를 소유하고 있다. 자산을 모두 합치면 160억 원에 이른다. 그리고 직접 건물주가 되어본 경험과 그동안 쌓은 전문적인 기술을 바탕으로 고객들의 인생 건물을 찾아주고 있다. 실제로 100여 명이 넘는 사람을 서울에서 건물주로 만들어주었고, 운 좋게도 그들 모두 투자에 성공했다.

대한민국에서 부동산만큼 확실한 재테크는 없다. 10여 년간 강남에서 수익형 부동산, 즉 건물 투자로 인생 역전한 자산가들을 수없이 봐오면서, 나도 자연스럽게 부자가 될 수 있겠다는 희망을 '건물'에서 찾았다. 실거주를 목표로 지방 아파트의 분양권을 사고, 대출을 받아 서울에 작은 아파트를 샀다. 내 집 마련이라는 꿈을 이뤘을 때는 정말이지 세상을 다 가진 것 같았다.

처음에는 나도 건물주들을 보며 나와는 다른 세상 사람들이라고 생각했다. 하지만 10년 넘게 부동산 중개를 통해 건물주들을 지켜보면서 내 생각은 확장됐고 세계관이 흔들렸다. 건물 투자의 가장 큰 매력은 일하지 않아도 자동으로 들어오는 월세, 시간이 지나면 자연히 오르는 자산 가치였다.

'저들처럼 건물을 산다면, 몇 년 후에는 분명 지금 살고 있는 아파트보다 훨씬 오를 텐데', '저축만이 답은 아닌데', '지금이야말로 절호의 기회인데'…….

하지만 내가 가진 것이라고는 아파트 한 채가 전부였다. 그러다 문득 이런 생각이 들었다. '집을 팔고 건물을 사면 어떨까?'

물론 아이들과 함께 사는 아파트를 팔고 빌딩을 사겠다는 것은 절대 쉬운 결정이 아니었다. 하지만 노후된 건물을 사서 신축을 통해 가치를 올리고, 덩달아 주변 건물이 거래되면서 자연스럽게 자산이 늘어났다. 그 결과 나는 건물을 사기 위해 팔았던 아파트를 몇 채 더 살 만큼 많은 자산을 빠른 시간 내에 일궜다.

내 건물을 가질 수 있을까?

일반인들은 막연하게 건물주가 되면 좋겠다, 빌딩을 사면 무조건 수익이 난다고 기대한다. 규모가 크든 작든 건물 투자는 종합예술이다. 땅 매입부터 기획, 설계, 대출, 마케팅, 임대차를 내는 사후 관리와 출구 전략(투자금 회수)까지 철저하게 준비하고 확실하게 분석해야 성공할 수 있다. 남이 하니 나도 해보자는 마음으로 겁 없이 뛰어드는 투자는 위험하다. 자칫 영세 건물주가 될 가능성이 높다.

나는 대한민국 강남의 중심인 테헤란로에서 빌딩 매매를 전문적으로 하는 디벨로퍼(developer)다. 디벨로퍼란 토지 매입부터 기획, 설계, 마케팅, 사후 관리까지 총괄하며 부동산을 새로운 용도로 개발하는 사람이다.

우리나라에서 나처럼 '꼬마빌딩'을 전문으로 A부터 Z까지 책임지고 진행하는 사람은 없다. 나는 계약만 하고 끝내는 일반 공인중개사들과 달리 얼마에 매각해서 어느 정도 시세차익을 남길 수 있는지까지 분석한다.

그동안 수백 건이 넘는 건물 투자를 진행하면서 단 하나의 실패 사례도 없었던 것은 모두 나와 함께하는 '어벤저스 팀' 덕분이다. 실제로 강남(역삼동)에 내 건물을 직접 올리면서 최고의 건축사, 시공사, 감정평가사, 세무사, 법무사 그리고 정말 실력 있는 은행 지점장들을 만났다. 이들은 모두 나와 함께 팀을 이뤄 일하고 있다.

건물주로 성공하고 싶다면 주변에 최고의 멘토와 능력 있는 동료들을 두어야 한다. 성공은 우연히 찾아오지 않는다. 앞서 걸었던 사람들은 가르침을 줄 수 있고, 업계 최고의 기술을 가진 팀은 당신의 투자를 성공으로 이끌 수 있다.

이 책에 그동안 내가 경험한 모든 것, 성공의 노하우를 다 쏟아낼 것이다. 또한 건물 투자와 밸류업(value up)으로 자산을 늘리는 방법을 구체적인 경험과 근거를 들어 소개한다. 나처럼 평범한 사람도 간절히 원하고 노력하면 건물을 소유할 수 있다.

막연한 꿈이 현실이 되는 순간

나를 통해 자신의 꿈에 한 발짝 더 다가서는 사람들을 지켜보면 내 안에서 뭔가 차오르는 것을 느낀다. 돈과 일을 떠나 말로 다 할 수 없는 보람이다. 누군가가 꿈을 이루는 것을 도와줄 때 나의 소임을 다하는 기분이다.

부자가 되고 싶다는 14년 전의 간절한 꿈을 이루었듯이 누군가의 꿈을 이뤄주고 싶다. 이것은 지금 내가 운영하는 '빌딩진영쌤 아카데미'의 비전이다. 나는 대부분의 투자에서 발생하는 불확실한 위험을 최대한 없애고 확실한 비전을 제시하려고 노력한다.

'하늘은 스스로 돕는 자를 돕는다'는 말을 좋아한다. "간절히 원하면 온 우주가 소망이 실현되도록 도와준다"(파울로 코엘료의《연금술사》)는 말을 믿는다. 이 책을 읽는 사람들도 반드시 이루고 싶은 꿈이 있다면 집중하고 노력하기 바란다.

마지막으로 아이들을 돌봐주시며 늘 기도해주시는 시부모님, 항상 믿고 응원해주시는 친정 부모님, 그리고 나의 훌륭한 사업 파트너이자 배우자인 서현옥 마스터에게 감사한 마음을 전한다. 그가 없었다면 오늘의 나는 존재할 수 없었을 것이다. 동반자로서, 비즈니스 파트너로서 동고동락했던 모든 순간이 좋았다. 그리고 우리와 함께 일하는 '어벤저스 팀'에게 감사한다. 그들이 있었기에 모든 투자를 성공으로 이끌 수 있었다.

서현옥 마스터와 나는 늘 그랬듯이 항상 감사하는 마음을 담아 앞으로도 많은 사람들이 행복한 부를 이루기를 간절히 바란다.

우리의 진심이 닿기를 바라며
테헤란로 사무실에서
김진영

contents

3 자산 가치를 단숨에 2배로 높이는 신축

4 적은 투자로 남부럽지 않은 임대수익 리모델링

5 한 달 만에 수익 실현을 위한 방법

6 내 건물에서 영업수익까지 챙기는 위탁운영

1

내 집 마련의 꿈에서
내 건물 마련의 꿈으로

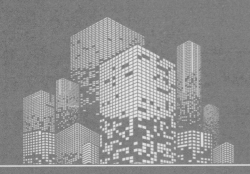

부동산 투자는 전문가의 영역으로 여겨지던 시대,
부자가 되고 싶다는 일념 하나로 뛰어들어
160억 원대의 자산을 일구었고
흙수저로 태어났지만 금수저를 물려주게 되었다.

우리는 왜
건물주가 되고 싶을까?

　요즘 초등학생들에게 '꿈이 뭐니?'라고 물으면 '건물주'라고 대답할 정도로 건물주는 어른 아이 할 것 없이 선망하는 미래다. 시세차익뿐 아니라 매월 임대수익으로 안정적인 현금흐름을 확보할 수 있으니 '직장인들의 로망', '조물주 위에 건물주'라는 말도 괜히 나온 게 아니다. 연예인들이 어느 지역의 건물을 사서 수십억 원의 시세차익을 얻었다는 뉴스도 심심찮게 들린다. 전 세대를 아울러 돈 모으는 방법으로, 그야말로 건물 투자가 대한민국을 뒤흔들고 있다.

　그렇다면 왜 건물에 투자해야 할까?

　이것만큼 확실하고 빠른 재테크가 없기 때문이다. 우선 시세차익이 월급이나 저축보다 확연히 높고 빠르다. 물론 수익형 건물 투자도 아파트, 빌라, 재개발/재건축, 경매, 상가 등 여러 유형이 있지만, 그 가운데서도 꼬마빌딩이 떠오른 이유는 간단하다.

다주택자의 보유세 부담으로 주택시장의 투자 매력이 떨어진 데다, 덩치가 큰 빌딩보다 부담이 적기 때문이다. 건물주라고 하면 재산을 많이 상속받았거나 돈을 많이 버는 특별한 사람들의 이야기인 것 같다. 하지만 아파트를 팔고 대출을 더한다면 누구든지 꼬마빌딩을 가질 수 있다.

30대 직장인이 찾아와 단기간에 시세차익을 얻을 수 있는 투자 방법을 물었다. 나는 자기자본금 17억 원으로 40억 원짜리 낡은 건물을 매입하도록 했다. 그 건물을 신축해서 가치를 올린 다음 77억 원에 다시 매각해 1년 만에 시세차익 37억 원(세전)을 얻었다.

50대 K씨는 나와 함께 오래된 건물을 매입하고 밸류업해서 꼬마빌딩을 통해 40억 원(세전)가량의 차익을 실현했다. 이후로 K씨는 주식이나 가상자산에 투자하는 주변 사람들에게 "돈을 벌려면 부동산이다"라고 강조한다.

이외에도 꼬마빌딩으로 자산 증식에 성공한 사례가 많다. 그동안 나는 부동산 중개와 빌딩 디벨로퍼로 활동하면서 100여 명의 고객을 모두 건물주로 만들어주었다. 그들은 매월 안정적인 임대 수익을 얻는 것을 넘어 적게는 수억 원부터 많게는 수십억 원의 차익을 실현했다.

꼬마빌딩의 매력은 소액 투자로 짧은 기간에 시세차익을 얻고,

반복해서 재투자할 수 있다는 점이다. 제대로 하면 돈이 묶이지 않고 자본금이 계속 늘어난다는 점에서 초보자도 접근하기 쉽고 성공할 확률도 높다.

건물주는 더 이상 남의 이야기가 아니다. 나도 처음에는 평범한 직장인이었다. 오히려 빚더미에 올라 개인회생을 신청했던 대책 없는 청춘이었다. 어떤 사람들은 부모님의 도움을 받은 게 아니냐고 하는데, 단 1원도 물려받지 않았다. 내세울 만한 학벌도 없었다. 그런 내가 30명의 직원을 거느린 부동산중개법인의 대표가 되었고, 서울에 2채의 건물을 소유하고 있다.

건물 투자는 특별한 사람만 할 수 있는 것이 절대 아니다. 간절하게 꿈꾸고 노력하면 된다. 원래부터 타고난 부자보다 자수성가한 부자들이 더 많다. 철저하게 준비하고 기회가 왔을 때 과감하게 투자하면 수백억 원대의 부자로 거듭날 수 있다.

내 집 한 채로는 노후를 보장할 수 없다

평범한 직장인으로서 특별한 미래가 보이지 않던 내가 인생 역전할 수 있다는 희망을 본 것은 꼬마빌딩이었다. 건물로 성공한 사람들을 수없이 지켜보면서 나도 할 수 있다는 생각이 들었고 과감하지만 신중하게 계획을 세워 160억 원대의 자산가가 되었다.

우리나라에서 꼬마빌딩의 시작은 2015년으로 거슬러 올라간다. 우리 부부는 원룸부터 고급 빌라, 상가, 사무실 중개까지 오랜 기간 현업에서 실력을 다져오던 중(남편과 나의 부동산 실무 경력을 합치면 35년이다) 꼬마빌딩의 열풍이 시작되면서 자연스럽게 부동산의 끝판왕으로 불리는 빌딩 매매를 전문적으로 중개했다. 그동안 쌓아온 경험을 모두 합치면 '꼬마빌딩' 분야에서도 남들보다 더 성공할 수 있을 거라는 자신감이 있었다.

물려받은 재산 없이 자기 노력만으로 수십억 혹은 수백억 원대의 자산을 일군다는 것은 눈으로 직접 보지 않으면 믿기 어려운 일이다. 부동산 중개를 하면서 매일같이 그러한 과정을 옆에서 지켜보니 자고 일어나면 부자가 된다는 말이 결코 허황된 것이 아님을 알게 되었다.

대부분의 건물주들은 최소한의 자기자본금만 가지고 몇십억 원에 이르는 건물을 사고판다. 그들은 기회만 있다면 언제든지 빠르게 치고 나갈 준비를 한다. 부자들은 돈이 돈을 벌어다 주는 자본주의 경제 구조를 너무나 잘 활용하고 있다.

나도 그들처럼 시간적, 경제적 여유를 가지고 싶었다. 부러움에서 시작된 고민이 나를 크게 흔들었다.

'건물을 사면 분명 자산이 훨씬 빠르게 늘어날 텐데……'

하지만 내가 가진 건 집 한 채가 전부였다. 마침 우리가 살던 아파트 값이 처음 샀을 때보다 딱 2배가 올라 15억 원이 되었다.

계산기를 두드리며 고민한 시간은 그리 길지 않았다. 남편과 나는 이미 꼬마빌딩에서 큰 가능성을 봤다. 어차피 고민의 원점은 '투자금'이다. 돈 때문에 기회를 잡지 못한다는 것은 말이 되지 않았다. 지금 행동하지 않으면 지각 비용(기회비용)만 늘어날 뿐이었다.

건물주가 되고 싶다는 꿈을 꾸는 동안 계속 매입할 수 있는 건물에 눈이 갔다. 내가 빌딩 투자로 처음 선택한 곳은 강남구 역삼동이었다. 선정릉역에서 도보 3분 거리에 있던 낡은 다가구주택이었는데, 입지도 평수도 평당단가도 모든 것이 완벽했다.

하지만 매물로 나온 지 꽤 오래된 건물이었다. 위치도 좋고 평당단가도 적당한데 왜 거래가 안 되었을까? 내용을 확인해보니 명도가 안 된 건물이었고, 건물 앞 도로의 폭이 너무 좁았다. 강남은 도로 폭이 아무리 좁아도 주차시설이 잘되어 있으면 사무실 임차가 잘된다는 것을 알고 있었고, 명도도 자신 있었다.

계약서를 쓰기까지 모든 것이 순탄했던 건 아니다. 그 당시 꼬마빌딩의 인기가 그야말로 절정이었다. 매물로 내놓은 금액은 31억 원이었는데, 우리가 건물을 사겠다고 하니 매도인의 태도가 달라졌다. 계약서를 앞에 두고 갑자기 5천만 원을 더 부르는 게 아닌가. 부담스러운 가격이었지만 건물주가 될 기회가 왔는데, 5천만 원 때문에 포기한다면 얼마나 허무할까.

빌딩 투자로 수익을 내기 위해서는 '매입 가격'을 액면 그대로 봐서는 안 된다. 나중에 매각했을 때 얼마만큼의 시세차익을 올릴

내 생애 첫 빌딩. 51평 낡은 주택(왼쪽)을 사서 멋지게 신축했다.

지를 봐야 한다. 우리는 이성적으로 판단하고 빠르게 매입 결정을 내렸다. 건물을 매수하기 전에 적정 매수 가격과 목표 매도 가격도 미리 정하는데 5천만 원 정도는 크게 문제되지 않았다. 결국 그 자리에서 5천만 원을 더 주고 31억 5천만 원에 계약했다.

내 생애 가장 비싼 의사 결정

"잘했어. 우리가 사는 아파트가 20억 원이 되는 것보다 꼬마빌딩이 70억 원이 되는 게 더 빨라."

"누군가 고민하는 사이에 우리는 실행해서 건물주가 되었잖아?"

실거주를 목표로 지방의 아파트 분양권을 사고, 대출을 받아 서울에 아파트를 사고, 그 아파트를 매각하기도 전에 빌딩을 먼저 계약했다.

나의 도전이 무모해 보일 수도 있다. 하지만 인생에 찾아온 운명 같은 기회 앞에서 미적거리다 보면 분명 후회할 것 같았다. 그만큼 나는 꼬마빌딩에 확신이 있었다.

최근에 역삼동 빌딩을 85억 원에 매수하겠다는 의향서가 들어왔다. 빌딩을 사기 위해 15억 4,500만 원에 팔았던 서초구 우면동 아파트의 시세는 17억 원까지 올랐다가 최근에는 15억 원 선이다. 3년 동안 아파트는 내가 매각한 수준에 머물렀고, 꼬마빌딩은 38억 5천만 원의 수익을 실현했다. 그 당시 돈 때문에, 혹은 누군가의 반대로 결정을 미뤘다면 어땠을까? 좋은 위치의 건물을 싸게 매입할 절호의 기회도 놓칠 뿐 아니라 부동산 급물살도 타지 못했을 것이다. 당연히 160억 원대의 자산가라는 지금의 나도 없을 것이다.

인생에서 한 번도 주어지기 힘든 좋은 기회를 잡으면서 우리의 자산이 엄청나게 올랐다. 물론 운이 좋기도 했다. 하지만 나는 부자들을 계속 만나면서 자기자본금 몇억 원을 투자해 막대한 수익을 올리는 것을 보고 '돈은 이렇게 버는 거구나' 하고 느꼈다. 주부든, 직장인이든 현재 상황에 맞춰 꿈을 제한할 필요 없다. 나 역시 내가 원하는 목적지에 도달할 때까지 절대 현실에 안주하지 않을 것이다.

평범하지만
건물주입니다

　학창 시절부터 딱히 하고 싶은 것도 없었고 무엇이 되고 싶다
고 진지하게 생각해보지도 않았다. 대학에서 피부미용을 전공하
긴 했지만, 그 역시 친한 친구의 권유로 선택한 것이었다. 피부관
리사로 취업해서 일하고 보니 그럭저럭 나한테 맞는 직업이라고
느껴졌다. 게다가 결혼해서 아이를 낳고도 안정적으로 근무할 수
있다는 것도 마음에 들었다. 6년 차쯤 되자 능력을 인정받아 직위
도 올라가고 또래보다 높은 연봉을 받았다.

　문제는 느닷없이 찾아온 매너리즘이었다. 반복되는 업무는 지
겨웠고 단조로운 일상이 점점 견디기 힘들었다. 새로운 탈출구가
절실히 필요했지만, 무작정 퇴사할 수는 없었다. 나는 가족 일이
라면 하나부터 열까지 다 챙겨야 한다고 생각하는 그야말로 K-장

녀였다. 부모님은 한평생 열심히 일하고도 노후 준비는커녕 수중에 작은 집 한 채가 전부였다. 이러한 상황에서 경제적 자유를 누리고 싶다는 마음이 강해졌다.

그 무렵 지인이 '라이브 바'에 투자해보자고 제안했다. 지금 생각하면 그때부터 투자에 대한 열정은 있었는지도 모르겠다. 투자에 보수적이던 내가 뿌리치지 못한 것을 보면 말이다. 하지만 생소한 분야에 대한 투자는 무지로 인해 참담하게 실패했고, 결국 개인회생을 신청하는 지경에 이르렀다.

가족에게 말도 못 하고 속이 까맣게 타들어 가는 듯한 나날이 이어졌다. 그때 내 속마음을 털어놓을 수 있었던 상대가 수상스키 동호회에서 만났던 사람이었다. 언제나 솔선수범하면서 주위를 챙기던 사람이라 동생이지만 나도 모르게 의지하고 싶었는지도 모른다.

지금의 남편인 그는 무조건 내 편이 되어주었다. 그리고 딱히 하고 싶은 것도, 되고 싶은 것도 없이 주어지는 대로 살아가던 나에게 새롭게 시작할 수 있는 원동력이 되어주었다. 나는 그를 통해 세상을 다시 바라보는 눈을 가질 수 있었다. 나의 꿈이 시작되는 순간이었다.

부자가 되려면 돈이 흐르는 곳에 발을 담가라

남편인 서현옥 마스터의 삶을 송두리째 바꾼 것은 자기계발서 한 권이었다. '영업'으로 부자가 되는 지름길을 알려주는 책이었다. 그가 주목한 것은 영업의 여러 분야 중에서 부동산이었다. 그는 분양사무소를 무턱대고 찾아가 수많은 현장 경험을 쌓았다. 그만큼 추진력이 강했다.

불안정한 상황에서도 돌파구를 찾아내고, 매 순간 탄탄한 계획을 세우는 전략가, 지금은 비록 어려워도 노력하면 언젠가는 나아질 수 있다고 확신하는 긍정 마인드를 갖춘 그가 부동산 중개업에 도전해보라고 했을 때 나는 주저하지 않았다.

물론 처음에는 뜬금없다는 생각에 손사래를 쳤다. 하지만 사람들을 친절하게 대하고 자연스럽게 대화를 끌어내는 능력이 탁월하다는 격려에 어느덧 자신감이 붙었다.

부동산 중개는 찾아오는 고객의 층이 다양하고 그들이 원하는 것을 함께 고민하고 해결한다는 점에서 성취감이 클 것 같았다. 그렇게 도전한 공인중개사 시험에 합격하고 나는 인생의 전환점을 맞이했다.

생소한 일이었지만 부동산 관련 정보를 많이 접하다 보니 자연스럽게 안목이 생겼다. 일 자체는 단순했지만 알아야 할 것들이 많았다. 부동산 관련 법률이나 판례, 뉴스와 경제 주간지 등 언론 자료들까지 수집하면서 시야를 넓혀갔다. 부동산은 사회 경제와 밀

접하게 연결되는 만큼 점점 더 알아갈수록 세상 돌아가는 이치를 깨닫는 듯했다. 부동산이야말로 공허한 이론이 아닌 실생활에 맞닿은 현실적인 분야이므로 눈이 번쩍 뜨이는 기분이었다.

부러우면 이렇게 하면 된다

우리 부부는 2010년 논현동에서 신혼 생활을 시작했다. 보증금 500만 원에 월세 60만 원짜리 작은 원룸이었지만 문제될 것은 없었다. 처음은 미약하지만 끝은 창대하리라 굳게 믿었다. 하지만 아이가 생기고 배가 불러오기 시작하면서 그 믿음은 조금씩 흔들리기 시작했다.

갓난아이를 원룸에서 키워야 하는 현실, 다달이 나가는 월세 부담으로 하루하루가 온통 절망에 짓눌린 채 흘러갔다. 그 무렵 친구들의 결혼 얘기도 하나둘 들려오기 시작했다.

"신혼집이 ○○동에 있는 자가야."

"양가 부모님이 보태줘서 전세로 시작해."

'자가'라는 말에 흔들리지는 않았다. 어차피 먼 나라 이야기라고 생각했다. 하지만 '전세'로 시작한다는 말에 나는 몹시 흔들렸다. 부러움이었다. 작은 평수라도 좋으니 나도 2억 원 정도만 양쪽 부모님이 지원해주셨으면 싶었다. 그저 전셋집이기만 하면 되었다. 부러움에 더해 나를 은근히 자신들과 비교하는 친구들의 태도까지 나를 자극했다.

　내 집을 가지고 싶다는 열망이 커지기 시작한 건 그때였다. 지금까지 살면서 이토록 뭔가를 간절히 원했던 적이 있을까 싶었다. 시간이 지날수록 열망은 더 커졌다. 내가 남의 이야기에 부러워할 것이 아니라 남들이 나를 부러워할 만큼 부자가 되고 싶다는 생각으로 이어졌다. 그 간절함이 치열한 삶으로 이끈 원동력이었다.

열망에 치열함을 더하면 이루어진다

"수백 가지 선택의 결과가 지금의 당신이다. 지금 당신 인생의 운전대를 잡아라."

≪부의 추월차선≫(엠제이 드마코)에 나오는 말이다.

누구나 돈을 벌고 싶고, 부자가 되고 싶고, 인생이 바뀌기를 바라지만 행동으로 옮기는 사람은 많지 않다. 엄마라는 역할에만 전념했더라면 지금쯤 어떻게 되었을까? 여느 주부들과 마찬가지로 남편이 벌어오는 돈을 아끼고 모아가며 아직까지 '내 집 마련'을 꿈꾸고 있을 것이다.

그때 내 집 마련이라는 꿈을 향해 나아가기 위한 운전대를 잡지 않았다면 지금의 우리는 없었다. 무일푼에서 시작해 160억 원대의 자산가가 된 워킹맘. 남부럽지 않은 넓은 평수의 아파트, 매월 양가 부모님께 드리는 충분한 생활비, 아이들이 원한다면 뭐든지 해줄 수 있는 경제적 능력까지. 내 가족이 좋은 환경에서 오래오래 행복하기 위해 때로는 '이기적인 결단'이 필요하다.

정말로 인생을 바꾸고 싶다면, 딱 1년만 미친 듯이 몰두해보자. 내가 몰두한 대상은 부동산, 가족이 함께할 집을 마련하는 것이었다. 인생에서 탑승객이 아닌 직접 운전대를 잡고 달려보면 분명 자기 몫을 하는 시기가 올 것이다. 그리고 원하는 결과물도 나올 것이다. 인생을 바꾸고 싶다면 퇴로를 차단하고 적어도 1년 동안 꿈에 투자해보자.

나를 설레게 하는 것이 부의 원천

나를 움직이는 것은 절실함이다. 아무것도 하지 않으면서 더 좋아지기를 바란다면 요행을 기대하는 것과 다르지 않다. 치열한 노력 없이 절대 상황은 바뀌지 않는다.

회사에도 근무 시간을 대충 때우려는 직원이 있는 반면, 주체적으로 일을 찾아서 하는 직원들이 있다. 빠르게 성장하는 직원들은 절대 시간을 허투루 보내지 않는다. 자기 인생이 이 순간에 걸린 것처럼 열정을 가지고 일한다.

무언가를 얻으려면 반드시 다른 것을 희생해야 한다. 당신은 인생에서 무엇을 얻고 싶은가? 그것을 얻기 위해 어떤 것을 포기해야 하는지 생각해보자.

강의 현장에서 "삶을 뼛속까지 바꾸고 싶다면 절박함으로 행동하라"는 말과 함께 또 하나 강조하는 말이 있다. "온 가족이 같은 꿈을 향해 달려가라"는 말이다.

빌딩 디벨로퍼 분야에서 남들보다 빨리 성장할 수 있었던 것은 우리 부부가 의기투합했기 때문이다. 혼자가 아닌 함께였기에 가능한 일이었다.

서현옥 마스터는 크게 보고 멀리 생각하는 사람이다. 그는 내가 흔들릴 때마다 확신과 희망을 주었다. 내 집 마련을 꿈꾸던 시절, 남편은 항상 "지금 힘든 시기가 지나면 분명 우리 가족의 미래가 바뀌어 있을 것"이라고 했다. 그러고는 우리 세 식구가 살기에 '좋은 집'을 보여주었는데, 그것이 실제로 큰 동기부여가 되었다.

우리가 살 '집'을 보면서 나는 꿈을 이룬 것처럼 설렜다. 미래를 구체적으로 보여주고 강렬한 욕망을 심어주고 행동으로 이끌어준 서현옥 마스터야말로 지금의 나를 만든 힘의 원천이다. 부부가 함께 한 방향을 바라보고 달려나갈 때 더 좋은 성과가 나온다.

첫 번째 내 집,
여기서부터 시작이다

　결혼하기 전에는 나 역시 재테크에 관심 없는 평범한 직장인이었다. 부동산 관련 일을 하면서 자연스럽게 정부 정책이나 경제에 관심을 가지게 되었다. 자산 증식을 위해 가장 먼저 해야 할 것이 종잣돈 모으기다. 종잣돈을 모으기 위해서는 매월 벌어들이는 총수입에서 얼마를 모을지 구체적인 계획이 필요하다. 우선 주거비용과 생활비를 나눈 다음에 저축할 수 있는 돈을 구체적으로 계산하고 무슨 일이 있더라도 매달 계획한 금액을 모아야 한다.

　부모님의 지원을 전혀 받지 않고 시작한 우리 부부가 선택할 수 있는 것은 국민임대아파트였다. 무주택자로서 국민임대아파트에 살 수 있다면 월세로 빠져나가는 '지출'이 확연히 줄어든다. 우리에게는 국민임대아파트에 당첨된 것이 종잣돈을 모을 수 있는 기회였고, 결과적으로 성장의 밑거름이 되었다.

당시 임대아파트는 어느 곳이나 보증금 3천만 원에 월세 30만 원 정도였다. 우리는 당첨되면 언제든 들어갈 수 있도록 일단 '3천만 원'을 모으기로 했다.

우리도 한 번에 국민임대아파트 당첨의 행운을 잡은 것은 아니었다. 나름 치열한 노력의 과정이 있었다. 입주가 시작되기 1년 전부터 최소 6개월 전에 관련 공고가 나오는데 처음에는 조금이라도 지원 요건이 되면 무조건 도전했다. 말 그대로 무모한 도전이었다.

국민임대주택은 유형에 따라 입주 조건이 있는데 거주지 연수가 부족하거나 가산점이 부족해도 일단 지원했다. 경쟁률이 너무 치열한 곳에 넣기도 하면서 번번이 탈락할 수밖에 없었다. 하지만 반드시 당첨되어야 한다는 마음으로 부동산 카페는 모두 가입하고 매일 들어가서 새로운 정보를 단 하나도 놓치지 않으려고 했다.

간절함을 갖고 몰두하던 우리의 노력이 드디어 빛을 발한 순간이 왔다. 쇼핑과 외식비를 줄여가며 보증금 3천만 원을 마련한 그때, 그토록 바라던 서초구 우면동 국민임대아파트에 당첨되었다.

우리가 살 아파트를 보러 갔을 때 남편은 방바닥에 드러누웠다. 원룸에서 방이 하나 더 생겼을 뿐이지만 엄연한 우리 집이었다. 드디어 부모님 댁에 맡겼던 재성이를 데려와 키울 수 있게 되었다. 게다가 잘 정돈된 단지 내 놀이터에서 친구들과 장난치며 행복하

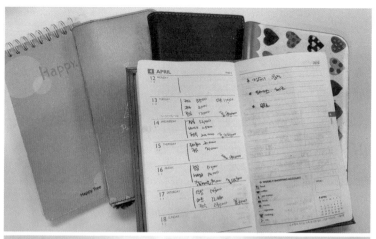

저자의 당시 가계부와 매일 10만 원씩 자동으로 빠져나가게 해뒀던 우리 부부의 강제저축 통장

게 자라날 재성이를 생각하니 꿈만 같았다.

2년마다 이사하지 않아도 되고, 월세를 아낄 수 있는 점도 임대
아파트의 큰 장점이었다. 관리비를 포함해 45만 원이면 충분했다.
누구는 임대아파트에서 적당히, 걱정 없이, 편하게 살면 되는 거

처음 당첨된 국민임대아파트

아니냐고 한다. 실제로 그런 댓글이나 후기들도 많다. 하지만 우리는 이 시기야말로 현실에 안주하지 않고 더 큰 투자를 위한 종잣돈을 빠르게 모을 수 있는 기회라고 생각했다.

이사하는 날 이삿짐이 집에 들어가는 그 기쁨은 이루 말할 수 없었다. 3인 가족이 둘러앉을 식탁도 넣고 소파와 침대도 들였다. 우리는 이제부터 진정한 시작이라며 희망에 차올랐다. 하지만 머지않아 내 집이 생겼다고 모든 문제가 해결되지 않는다는 것을 깨달았다. 세상은 생각보다 냉혹했다.

내 집 마련이 최종 목표는 아니다

우리가 입주한 아파트는 크게 일반분양과 임대 단지로 나눠져 있다. 나는 그것이 이웃을 사귀는 데 문제될 거라고 한 번도 생각해본 적이 없다. 나한테 문제가 있나 하는 생각이 들 정도로 새로운 이웃들을 사귀기가 쉽지 않았다.

첫째 아이의 공개 수업이 있는 날이었다. 나는 우리 아이가 어떻게 수업받고 발표하는지 궁금했는데, 다른 엄마들은 내가 몇 단지에 사는지가 궁금한 모양이었다.

남들 눈에 그럴듯해 보일수록 유리한 직업이기도 했고 남들 앞에서 위축되거나 기죽지 않으려고 했다. 외제차를 끌고 명품 가방 하나는 들어야 어디 가서도 꿀리지 않는다고 생각했다. 겉모습이 화려한 나에게 사람들은 친절하고 호의적이었다. 그런데 문제는 그게 아니었다.

"그런데 재성이네는 몇 단지 살아요?"

인사를 나누고 건네는 첫마디는 마치 서로 짜기라도 한 것처럼 한결같았다. 자연스럽게 몇 마디 오가다가도 결국 마지막에는 '몇 단지 살아요?'였다.

"3단지에 살아요"라고 대답하는 순간 엄마들의 표정이 순식간에 변했다. 내 옷과 명품 가방에 향했던 호기심 어린 시선도 변했다. '저거 짝퉁 아냐?'라는 의심의 눈으로 보는 것 같았다. 괜히 내 옷차림과 손에 들린 가방이 신경 쓰이기 시작했다. 내 집이 나를 불편하고 초라하게 만들었다.

이후 나는 어린이집 문 앞에서도, 놀이터에서도 재성이 친구 엄마들을 만나면 '몇 단지 살아요?'라고 물을까 봐 항상 긴장했다. 그러다 마음이 지치면 학부모들과 관계를 맺지 말아야 하나 싶은 생각도 들었다.

유난히 사교성이 좋은 남편도 초반에 아파트 사람들과 섞이지 못한 건 마찬가지였다. 남편은 아파트 게시판에 붙은 조기축구 동호회 추가 모집을 보고 반색을 표했다. 스포츠를 좋아하기도 했지만, 이참에 동네 사람들을 많이 사귀어 저녁에 술 한잔하고, 동네 산책도 같이 하고, 정보도 나누고 싶었다. 일대일 개인 지도까지 따로 받을 정도로 한껏 들뜬 마음과 기대로 조기축구 동호회에 가입했다.

남편은 나보다 더 노골적인 태도를 경험했다. 운동 끝나고 맥주 한잔하러 간 자리에서 신입 회원에게 예의상 물어볼 법한 연락처 하나 묻는 사람이 없었다고 한다. 게다가 자기네들끼리 뒤풀이 장소로 먼저 떠났다는 것이었다.

회식 자리에서도 단지를 나눠 앉아 자기들끼리 정보를 나누는 분위기에서 남편은 얼마나 자괴감이 들었을까? 임대아파트에 사는 사람들이 일반아파트에 사는 사람들의 세계로 비집고 들어갈 틈을 아예 내주지 않았다.

'강남에서 부동산 한다면서 자기네 집도 없다고?'

'저 사람들은 집도 없으면서 무슨 외제차를 몰아?'

사람들이 수군거리는 소리가 들리는 듯했다. 물론 남들은 아무 말도 하지 않는데, 우리의 자격지심 때문인지도 모른다. 그러나 같은 아파트에 사는 사람들의 태도는 은근히 달랐다.

'노력해서 여기까지 왔는데, 왜 무시하는 듯한 시선을 받아야 하는 거지?'

임대아파트 당첨은 우리 노력의 결과였다. 더구나 서초구 우면동 국민임대아파트는 3 : 1이라는 경쟁률을 뚫고 들어갔기에 뿌듯했다.

그 당시 우리는 나름대로 결혼 후 찾아온 '안정기'라고 생각했다. 원룸과 월세를 벗어나 5년 만에 둘째 계획도 세웠다. 그래서인지 그 모든 상황에 더욱 좌절감을 느꼈다.

가난하게 태어난 것은 죄가 아니지만 가난하게 죽는 것은 내 탓이라는 말이 귓가에 맴돌았다. 우리 아이들은 우리가 겪은 시선을 경험하지 않기를 바랐다. 가난을 대물림하고 싶지 않았다. 그날 이후 우리는 종잣돈을 빨리 모으자는 목표에서 '일반아파트 입주!'라는 새로운 목표를 세웠다.

종잣돈 마련의
무한 루프

임대아파트에 산 지 1년째 되는 2015년 무렵부터 집값이 꿈틀 거리기 시작했다. 일반아파트를 목표로 열심히 돈을 모으고 있던 우리는 점점 불안감이 밀려왔다.

부동산 중개를 업으로 하는 사람들은 실거래가를 매일 확인한 다. 건너편 일반아파트를 분양받은 사람들은 자고 일어나면 집값 이 올라 있었다. 3억 원에 입주했던 이웃의 아파트가 무려 4배 심 지어 5배까지 올랐다. 아무것도 하지 않았는데 그야말로 돈이 돈 을 버는 셈이었다. 반면 임대아파트는 자산의 변화가 없었다.

종잣돈은 모으고 있었으나 턱없이 부족했던 우리가 주목한 것 은 '아파트 분양권'이었다. 2015년은 전국의 아파트 분양권 가격이 오르기 시작하던 때였다(장기간 지속된 전셋값 상승과 전세난으로 주거 안정을 위한 주택 구매 욕구가 높아졌기 때문이다). 우리도 그 열기를 타고 분양권에 도전하기로 했다.

우리가 선택한 곳은 수원에 있는 아파트였다. 경기도이기는 하지만 서울로 진입하는 데 30분 정도 걸렸고, 무엇보다 대단지였다. 실거주 목적으로 신청한 첫 일반분양에 운 좋게 당첨되었다.

임대아파트에 살면서 미묘하게 무시당하던 서러움에서 벗어난다는 기쁨에 마음이 한껏 활짝 펴졌다. 살아남기 힘든 전투에서 살아 돌아온 것도 모자라 대승까지 거둔 개선장군의 기분이랄까. 하지만 기쁨도 잠시, 현실은 중도금과 잔금을 치르는 문제가 남아 있었다.

일반분양가는 3억 6천만 원이었다. 중도금은 전액 대출을 받아 해결할 수 있었지만, 2년 뒤 입주하려면 잔금 30%에 해당하는 1억 원을 무조건 모아야 했다.

그 당시 1억 원은 지금 5억 원에 버금가는 가치였다. 적어도 우리에겐 그랬다. 다달이 마이너스 통장을 쓰지 않는 것만도 다행이라고 생각할 때였다(통신비 5만 원, 인터넷 사용료 3만 원에도 민감할 때였다). 허리띠를 졸라매야 하는 시간이었다.

'안 쓰고 모으면 되는 거 아냐?'라고 생각할 수도 있다. 하지만 목돈 마련을 위해 허리띠를 졸라매 본 사람이라면 쉽지 않다는 것을 안다. 특히 아이가 있다면 돈 쓸 일은 계속 생기기 마련이다. 키즈카페, 문화센터, 놀이공원, 워터파크는 사치였다. 놀이터에 나가서 자전거를 태우거나, 동네 공원에 가서 함께 달리는 등 최대한 돈이 들지 않는 놀이를 하며 생활 반경을 집, 놀이터, 마트로 한정했다.

"재성아, 미안해. 나중에 엄마가 돈 많이 벌어서 장난감도 실컷 사주고, 너 가고 싶은 곳 어디든 다 데려갈게!"

잠든 아이의 머리를 쓸며 날마다 사죄하듯 기도했다. 부자가 되게 해달라고.

우리 부부는 먼저 식비 줄이기에 돌입했다. 3만 원, 5만 원 쓰는 것도 진지하게 고민해야 했기에 일단 외식은 없는 것으로 생각했다. 특별한 기념일도 그냥 건너뛰기로 했다. 한 달 내내 사골국에 밥만 말아 먹기도 했다. 정육점에서 사골 우릴 뼈 5만 원어치를 사다가 서너 번 우려 먹은 적도 있다.

옷은 아이들 것만 샀고, 우리 부부를 위한 쇼핑은 없었다(심지어 기저귀 가방 하나도 아까워서 사지 않았다). 정말 쇼핑하고 싶은 날은 인터넷 사이트에 들어가 장바구니에만 잔뜩 담아놓았다. 명품 옷을 사고 싶던 나에게 그것만으로 위로가 되고, 스트레스가 해소되는 기분이었다.

매일 아침 외운 드림 리스트

"부자가 되면 명품 옷을 걸치고, 슈퍼카를 탈 거야."

"쉬는 날은 골프 치고, 클럽하우스에서 우아하게 커피를 마셔야지."

"통장에 꼬박꼬박 찍히는 월세를 보면서 날마다 행복할 거야."

버킷리스트를 써 내려가고 번호를 매기고, 하고 싶은 것 순서대로 목록을 적었다. 우리는 그것을 냉장고 문에 붙여놓고 출근할 때마다 보면서 다짐했다. 태어난 지 한 달밖에 안 된 갓난아이를 시부모님한테 맡겨놓고 일해야 했기에, 어떻게 하면 아이와 빨리 같이 살 수 있을까 생각하며 목표를 세웠다.

매일 한 번씩 소리 내어 읽은 드림보드

- 평일에 열심히 일하고 주말에 최선을 다해 재성이와 놀아주기
- 외식, 회식 절제하고 집에서 밥 잘 챙겨 먹기(우리 건강이 우선)
- 매일 더 많이 아껴주고 사랑하기
- 최선을 다해 사무실 잘 이끌어나가기
- 최소 월 200만 원은 적금할 것, 장기적금 100만 원, 청약예금 100만 원.
- 지치지 않기 위해 자신들을 위해 조금씩 투자하기
- 재성이와 함께할 그날까지 우리 목표를 달성하기 위해 최선을 다하기
- 긍정적인 마인드로 화이팅하기

당시에는 언제 다 이룰까 싶었는데, 5년도 안 돼서 목록에 적힌 것들을 다 이뤘다. 일을 벌이면 반드시 해결해나가는 우리였기에 예상보다 빨리 종잣돈을 모았다. 2년 후에는 잔금을 치러야 입주할 수 있으니 딴짓하지 않고 속도를 내야 했다.

사업소득을 높이기 위해 주말에도 일하고, 생활비 하나하나를 아끼고 아끼며 가계부를 쓰고, 통장을 쪼개고, 예·적금 풍차 돌리기(매달 예·적금을 드는 것)까지, 돈을 모으기 위해 모든 방법을 동원했다.

하지만 결혼 13년 만에 160억 원이라는 자산을 모을 수 있었던 비결은 누가 뭐래도 부동산 투자이다. 부자가 되려면 자본주의 구조에서 자산 증식의 비결을 알아야 한다.

20대를 대상으로 강의하다 보면 출발 자금이 아예 없는 사람들도 많다. 결혼을 앞둔 젊은이들도 상황이 크게 다르지 않다. 내 집 마련을 하고 싶지만 종잣돈이 턱없이 부족한 사람들에게 나는 가장 먼저 분양권을 추천한다.

아파트 청약은 쉽지 않지만, 수도권 외 지역은 미분양도 많다. 적은 돈으로도 당첨 확률이 높고, 2년 후에는 반드시 중도금과 잔금을 치러야 하니 돈을 모을 수밖에 없다.

대부분의 젊은이들은 신용대출을 받아야 한다는 말에 머뭇거린다. 하지만 나에게 따로 상담 요청을 했던 20대 C양은 달랐다. 그녀는 내 말대로 경기도의 대단지 아파트를 선택했고, 대출을 해서 5천만 원으로 과감하게 아파트 경매에 투자했다. 레버리지를 활용해 적은 금액으로 가능한 데다 여차하면 실거주하면 된다고 긍정적으로 접근했다.

5천만 원을 주고 산 아파트의 시세가 올라 5천만 원이라는 시세 차익이 생겨 그녀의 자산은 순식간에 1억 원이 되었다. 전매제한이 없는 지역이어서 바로 팔아 현금화하고 '두 번째 종잣돈'은 어떻게 모아야 하느냐고 묻기도 했다. 그녀는 내 강의를 들은 덕분에 0원에서 종잣돈 1억 원을 모으게 되었다며 감사의 인사를 전했다. 하지만 나는 오히려 두려워하지 않고 실행에 옮긴 그녀가 더 고마웠다.

'종잣돈'을 모으기 위해 분양권 당첨이나 아파트 경매를 노려보는 것도 좋다. 분양권은 분양가의 10% 정도인 계약금과 웃돈만으로 투자할 수 있으니 적은 금액으로 수익을 얻을 수 있다. 단, 너무 가볍게 생각하지 말고 충분히 공부한 후 반드시 대단지에 실거주를 염두에 두고 한다면 성공 가능성이 훨씬 더 높다.

주식은 무섭고
저축은 답답하다면?

'불광불급(不狂不及)'은 '미치지(狂) 못하면 미치지(及) 못한다', 즉 어딘가에 미쳐야 도달할 수 있다는 의미다. 한마디로 목표가 있다면 거기에 미친 듯이 매달려야 이룰 수 있다는 말이다.

우리는 일에 미쳐 있었다. 1년에 단 이틀, 추석과 설 당일만 쉬고 10년을 거의 매일 열심히 일했다. 업계에서 최고가 되고, 빨리 목돈을 만들고 싶었다. 주말도 없이 일하고 집에 와서도 머릿속은 온통 일 생각뿐이었다. 1년도 안 되어 1억 원의 목돈을 모았지만 수원의 아파트 입주까지 아직 1년이 더 남았다. 그런데 문득 이런 생각이 들었다.

'1억 원을 그냥 통장에 넣어두는 것보다 분양권이 막 오르기 시작하는 지금 하나 더 투자하는 건 어떨까?'

우리는 곧바로 수원의 아파트 분양권을 하나 더 매수했다. 첫 번째 분양받은 아파트는 우리 가족이 살고, 추가로 산 아파트는 전세 임대를 놓기로 했다. 분양권만 봐도 벌써 성공한 것 같아 뿌듯했다.

종잣돈 모으기에 날개를 달다

하나 더 매수한 분양권이 우리에게는 첫 번째 부동산 투자인 셈이다. 잔금을 치르려고 준비한 1억 원 중에 5천만 원을 투자해 분양권을 하나 더 샀으니 5천만 원을 또 열심히 모아야 했다. 아파트 2채를 위해 우리는 또다시 아끼고 모았다.

일에 탄력이 붙어서인지 남은 금액을 어렵지 않게 모았고, 분양받은 아파트에 웃돈이 붙었다. 입주할 때쯤에는 적지 않은 웃돈이 붙었고, 분양권이 2개였으니 우리의 종잣돈도 2배로 불어났다. 2개의 분양권을 매도해서 만든 1억 원, 잔금을 치르기 위해 마련한 1억 원, 임대아파트 보증금과 모아둔 예·적금을 합치니 2억 5천만 원에 이르렀다.

부자가 되는 첫걸음을 흔히 종잣돈 모으기라고 한다. 구체적으로 계획을 세우니 내 집 마련을 위한 목돈을 만들기까지 그리 오래 걸리지 않았다. 이것이 미래의 더 큰 투자를 위한 종잣돈이 될 것이다.

내 건물이라는
꿈의 레버리지

2017년 입주가 다가왔을 때 우리는 수원의 아파트 분양권 2개를 모두 정리했다. 처음 생각과는 다르게 대출을 해서라도 실제 우리가 살 집은 '똘똘한 한 채'로 마련하고 싶었다.

마침 우리가 사는 아파트 옆 단지(일반아파트)에 매물이 나왔다. 그즈음 강남권에 내 집을 가지고 싶었던 우리에게 서초구 우면동은 그야말로 최적의 입지였다.

우리의 예산 내에서 입주할 수 있는 아파트는 단 2곳, 1층과 맨 꼭대기 25층이었다. 1층 아파트의 매매가는 7억 3천만 원, 25층 아파트는 7억 8천만 원이었다. 5천만 원이 더 비쌌지만 25층은 우면산과 청계산이 파노라마처럼 내려다보이는 전망을 자랑했다. 주거 환경이 좋아서 나중에 집을 팔 때도 자산 가치가 오를 것이 확실했다. 망설일 이유가 없었다.

우리는 그 자리에서 700만 원을 깎아 7억 7,300만 원에 계약했다. 아파트 대출은 70%까지 가능했고, 금리는 2%대여서 은행 대출을 하기에 더없이 좋았다. 확실한 곳에 투자하기 위해 받는 대출은 좋은 빚이다.

2개의 분양권을 사고 잔금을 치르기 위해 열심히 일했고, 목돈을 빨리 만들어 대출 갚는 기간을 단축했던 경험이 있었기에 담보대출을 받는 데도 자신감이 있었다.

임대아파트에 살 때 우리를 진심으로 응원해준 이웃 지인들이 자기 일처럼 축하해주었다. 임대아파트에 살면서 받은 서러운 마음이 눈 녹듯이 사라지는 듯했다. 우리가 기필코 부자가 되기로 결심한 지 딱 3년 만의 일이었다.

생애 첫 일반아파트(서초구 우면동, 35평)

행복은 돈으로 살 수 없다고 하지만 모든 상황에 맞는 말은 아니다. 19평 임대아파트에 살다가 35평 일반아파트에 살면 분명 행복하다. 처음에는 세상을 다 가진 것 같다. 우리 아파트는 3년 사이에 딱 2배로 올라 7억 원대의 아파트가 15억 원이 되었다.

부모님들은 너무 많은 대출을 받는 것 아니냐며 걱정과 우려가 컸다. '감당할 수 있느냐', '욕심 내지 마라', '무리하지 마라'는 조언을 끊임없이 했다. 부모님 세대는 조금이라도 빚을 지는 것을 위험하게 생각했다. 지금과 같은 고금리 시기에는 더욱 그럴 것이다.

물론 우리도 불안감이 있었다. 집값의 절반 이상을 대출받았으니 더 치열하게 일해야 했다. 꿈이 클수록 쏟아야 할 에너지도 더 크고 힘들 수밖에 없다.

내가 만나본 부자들은 힘들다고 '꿈의 크기'를 줄이지 않았다. 또 지렛대(레버리지) 역할을 하는 대출을 이용하지 않는 부자도 없다. 같은 아파트, 같은 시기에 입주했더라도 임대아파트는 자산에 변화가 없지만, 무리해서라도 일반아파트를 산 사람들은 자고 일어나면 집값이 올랐다. 입주한 지 3년 만에 4배, 심지어 5배나 차이 났다.

매일 치솟는 집값을 보면서 우리의 결정에 불안보다는 '희망'을 걸기로 했다. 집값과 더불어 천정부지로 치솟는 전세가를 더 올려주고 사느니, 차라리 대출을 받더라도 내 집을 마련하는 것이 낫다고 판단했다.

재테크 기초체력을 키우다

7억 원짜리 아파트를 사서 15억 원이 되었으니 2배 차익을 실현한 것만으로 굉장한 수익이라고 생각할 수 있다. 하지만 꼬마빌딩으로 갈아탄 사람들의 자본이 불어나는 속도에는 한참 못 미친다. '스노볼 효과'라고 자산이 늘어날수록 불어나는 속도가 더 빨라진다. 대부분의 사람들은 인터넷 정보를 통해 부동산 시장을 파악한다면, 우리는 현장의 중심에서 직접 눈으로 보고 피부로 느낀다. 누구보다 정확하게 부동산 시장을 파악할 수 있기에 과감한 결단을 내릴 수 있었다.

어떤 고급 정보를 주든 생각만 하고 실천하지 않는 사람들이 있다. 반면 일단 부딪혀보는 사람들도 있다. 여러 번 강조하지만 실천하지 않는다면 인생은 달라지지 않는다.

25억 원에 매입한 서래마을 고급 빌라

정말 좋은 기회와 타이밍을 잡았는데도 성공에 대한 확신이 부족하고, 위험성에만 초점을 맞추면서 실행하지 못한다면 인생은 절대 바뀌지 않는다.

우리는 서초구 우면동 아파트를 팔고 역삼동 노후된 다가구주택을 매입해 고급 건물로 신축했다. 그동안 우리는 다시 무주택자가 되었고, 집을 사기 위해 또다시 종잣돈을 모았다. 소액의 종잣돈으로 한 번 투자해서 빠르게 투자금을 회수한 후 다시 더 크게 불리는 전략으로 망원동 노후 주택을 매입했다. 그렇게 해서 서울에 건물 2채와 서래마을에 60평대 고급 빌라를 소유하게 되었다.

나는 어릴 때부터 멋진 고급 빌라에서 살고 싶었다. 현재는 전세를 주었지만 자금을 더 모으고 대출 규제가 완화되면 들어가서 살 계획이다.

부자가 되고 싶다면 부자의 길을 따라가야 한다. 부자들의 공통점은 기초체력이 단단하다는 것이다. 좋은 기회가 왔을 때 놓치지 않는 적극성과 대담함을 '재테크 기초체력'이라고 부른다. 우리가 돈 한 푼 없이 지금의 자산을 일굴 수 있었던 것은 이러한 기초체력을 쌓은 덕분이다.

현재 나는 본캐(본래의 캐릭터)가 건물 투자자이고 부캐(주요 캐릭터 외의 캐릭터)가 공인중개사이다. 지난 10년간 쌓아온 실무 경험과 부동산 흐름을 놓치지 않는 투자 경험을 바탕으로 최근 3년간 100여 명의 의뢰인이 건물주가 되는 길을 함께했다.

이제는 당신 차례다. 평범한 사람도 간절히 원하고 노력하면 건물주가 될 수 있다는 것을 직접 경험한 사람으로서 당신이 건물주가 되는 길에 함께하고자 한다.

2

단 하나도 놓쳐서는 안 되는
성공률 100% 핵심 비법

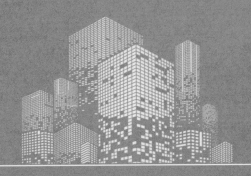

전 재산에 가까운 돈을 투자하고

대출까지 받아서 건물을 사고 그것을 새로운 건물로 올리기까지

오랜 기간 수많은 사람들과 상황에 맞닥뜨린다.

이 과정을 막연하게 접근하면 남는 것은 쓰라린 손실과 마음고생뿐이다.

나의 경험을 토대로 매입부터

임대차까지 각 단계별로 핵심을 짚고 넘어가자.

나에게 맞는 생애 첫 건물 찾기

매입과 자금운용 계획

보통 신축하면 수명이 10년 단축된다고 한다. 아무것도 모르는 상태에서 건물을 올리려면 수많은 시행착오를 거치게 된다. 물론 그 과정에서 많은 것을 배울 수 있겠지만, 무지와 무경험으로 인해 치러야 하는 비용이 만만치 않다.

낡은 건물을 매입해서 헐고, 그 자리에 새 건물을 올리고, 고급 임대차를 맞추고, 재매각하는 것까지 투자의 완성이라고 할 수 있다. 구체적으로 말하면 건물 매입, 설계, 시공사 선정, 멸실, 착공, 준공, 그리고 인테리어와 임대차 맞추기다. 우리의 역삼동 건물을 신축한 사례를 통해 그 과정을 상세히 다뤄보려고 한다.

투자 목적에 따라 물건이 달라진다

첫 번째인 건물 매입 단계에서는 투자 방향에 대한 계획을 세워야 한다.

맨 먼저 건물을 매입하려는 목적을 설정해야 하는데, 크게 수익형, 시세차익형, 사옥형 3가지가 있다. 수익형은 임대수익을 얻기 위해 투자하는 건물이다. 시세차익형은 건물 매입 후 재매각을 통해 발생하는 시세차익을 얻을 목적으로 건물을 사는 것이다. 수익형과 시세차익형은 반비례 관계이기에 투자 목적과 성향에 맞는 건물을 선택해야 한다.

수익형 건물은 은퇴한 사람이나 매월 임대수익으로 생활하는 사람들에게 적합하다. 시세차익형은 수익률은 낮지만 자금을 굴려 여러 번 투자해서 부를 축적하기 위한 것이다. 사옥형은 실제로 사용하기 위한 건물이다.

우리는 시세차익형 건물을 매입했다.

투자의 8할은 입지다

부동산은 뭐니 뭐니 해도 입지다. 건물 투자의 핵심으로 아무리 강조해도 부족함이 없을 정도로 중요하다. 땅의 가치가 높은 곳, 즉 좋은 입지가 좋은 투자 결과를 만든다. 특히 서울의 주요 매물 지역은 꼭 살펴봐야 한다.

여러 가지 호재가 있고 거래되는 현상을 통해 지가 상승이 예상되는 지역인지 반드시 확인해야 한다. 이런 지역은 수요층이 많다 보니 환금성도 높다.

건물에 투자할 때 총 사업비용에서 실제 투자금과 재매각했을 때 목표 금액을 설정하고 그것을 실현할 수 있을 만큼 환금성이 좋은 매물과 입지인지를 반드시 확인해야 한다. 우리는 첫 투자처로 강남구 역삼동을 눈여겨봤다.

해당 건물을 보는 순간 부동산 가치를 높일 수 있다는 확신이 들었다. 하지만 우리가 사려는 건물은 부동산 시장에 나온 지 꽤 오래된 매물이었다. 평당단가도 시세에 맞춰 적당한데 거래가 안 된 이유가 뭘까? 이유는 첫째, 명도가 안 된 건물이었고, 둘째, 건물

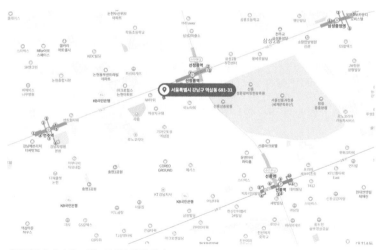

초역세권에 자리 잡고 있는 역삼동 빌딩 위치

입지를 보는 노하우

빌딩 투자에서 가장 중요한 것은 입지다. 아무리 강조해도 지나치지 않는 것이 입지다. 노후된 건물이라도 좋은 위치에 있으면 얼마든지 밸류업을 해서 환금성과 시세차익을 볼 수 있다. 신축 또는 리모델링 공사비용은 어느 지역이나 같다. 하지만 임대료는 지역과 수요에 따라 달라지기 때문에 임대가 잘 나갈 수 있고 재매각도 수월한 지역인지를 확인해야 한다. 역세권, 상권이 형성된 곳, 거래 사례가 있는 곳, 주변에 임차 거래가 잘 이루어지는 곳이라면 좋은 입지라고 할 수 있다.

앞의 도로 폭이 좁았기 때문이다.

하지만 우리의 판단은 달랐다. 첫째, 명도는 자신 있었고, 둘째, 한 블록만 더 나가면 큰 대로변이었다. 무엇보다 대로변에서 잘 보이는 가시성이 뛰어난 건물이었다. 게다가 이 물건의 위치는 역삼동 초역세권이다. 투자하지 않을 이유가 없었다.

건물을 매입하기 전부터 기존 건물을 그대로 유지할지 아니면 신축이나 리모델링을 할지 고려해야 한다. 시세차익을 얻을 목적이라면 건축을 염두에 둬야 하고, 임대수익을 얻기 위해서라면 건물을 그대로 유지하면서 수익률을 높일 방안을 고민해야 한다.

우리는 건물을 보는 순간 신축으로 방향을 잡았다. 처음에는 리모델링을 할 생각이었는데 용적률이 아쉬웠다. 노후된 건물을 헐고 새로 지으면 고액 임대를 내놓을 수 있는 부동산 가치가 충분한 건물이라고 확신했다. 우리 건물 바로 옆이 똑같은 50평대였는데, 이미 6층 건물로 신축되어 있었기 때문에 가치 상승의 시너지 효과를 얻을 수 있다고 판단했다.

세테크와 대출을 위한 용도 변경하기

건물 용도는 대략 29개로 분류할 수 있다. 건물 투자를 하려면 반드시 주택 포함 여부를 확인해야 한다. 주택 포함 여부에 따라 주택, 상가주택, 근린생활시설로 구분할 수 있다.

우리가 매입한 건물은 노후된 다가구주택이었다. 우리는 근린생활시설로 용도 변경한다는 특약(계약 후 잔금을 치르기 전에 용도 변경하는 것) 조건을 넣어서 계약을 진행했다. 용도 변경을 하는 이유는 법인으로 투자하기 위해서이다. 법인의 경우 매입했을 때 취득세 중과와 매도했을 때 개인 양도세보다 법인세가 유리하고, 주택은 대출이 잘되지 않는다.

용도 변경하면 매도인도 계약일 기준으로 주택으로 인정받아서 1세대 1주택 비과세와 장기보유특별공제를 받을 수 있었다. 하지만 새로운 예규로 2022년 10월 21일부터 용도 변경이 사실상 어렵다. 주택 매도자가 용도 변경 후 매도 시 양도일 기준으로 보기 때문에 1세대 1주택 비과세와 장기보유특별공제 혜택을 받지 못하기 때문이다.

주택	상가주택	근린생활시설
상대적으로 저렴	상대적으로 저렴	상대적으로 비싸다
리모델링, 신축 등의 건축 행위 필요	리모델링, 신축 등의 건축 행위 필요	주택용이 아닌 각종 생활 편의시설 용도로 사용, 승인된 건물
주택 부분 대출 규제	주택 부분 대출 규제	대출 규제 없음

건물의 다양한 용도

개인과 법인, 어느 쪽이 유리한가?

개인 매수와 법인 매수의 가장 큰 차이점은 취득세, 양도세, 대출 3가지다. 먼저 세금부터 살펴보자. 부동산을 매각하고 매매 차익이 발생하면 개인은 양도소득세를 납부하고 법인은 법인세를 납부한다. 단기적으로 투자하고 매각 후 바로 재매수 계획이 있다면 개인보다는 법인이 유리하다.

개인은 종합소득세에서 본인의 소득과 합산되기 때문에 임대 수익이 합산 결정되어 최고세율이 적용될 수 있다. 개인은 3년 이상 보유하고 매각하면 장기보유특별공제가 보유 기간에 따라 적용된다.

개인 소득세율		법인세율	
과세표준	세율	과세표준	세율
1200만 원 이하	6%	2억 원 이하	10%
1200만 원 초과~4600만 원 이하	15%	2억 원 초과 200억 원 이하	20%
4600만 원 초과~8800만 원 이하	24%	200억 원 초과~3000억 원 이하	22%
8800만 원 초과~1.5억 원 이하	35%	3000억 원 초과	25%
1.5억 원 초과~3억 원 이하	38%		
3억 원 초과~5억 원 이하	40%		
5억 원 초과	42%		
10억 원 이하	42%		
10억 원 초과	45%		

개인				법인	
과세표준			세율	과세표준	세율
1주택	6억 이하	85㎡ 이하	1.1%	일괄	13.4%
		85㎡ 초과	1.3%		
	6억 초과~9억 이하	85㎡ 이하	1.1~3.3%		
		85㎡ 초과	1.3~3.5%		
	9억 초과	85㎡ 이하	3.3%		
		85㎡ 초과	3.5%		
2주택		85㎡ 이하	8.4%		
		85㎡ 초과	9.0%		
3주택		85㎡ 이하	12.4%		
		85㎡ 초과	13.4%		
일반(주택, 농지 외)			4.6%		4.6%

개인과 법인의 취득세(2022년 기준)

개인	법인
3~15년 이상 보유 시 장기보유 특별공제가 적용되어 양도세 감면 효과가 있다. 단, 본인 소득이 종합소득세에 포함되어 최고세율이 적용된다.	양도세가 아닌 법인세로 분류되어 상대적 절세 효과가 있다.
장기투자일 경우 유리하다.	단기투자일 경우 유리하다.

취득세와 양도세

개인의 경우 1주택, 2주택, 3주택에 따라 취득세 중과가 있고, 근린생활시설은 4.6%의 세금을 납부해야 한다. 법인은 주택 취득 시 13.4%의 취득세를 내야 한다.

나중에 매각할 때 시세차익에 따른 양도세도 개인은 금액에 따라 6~49.5%(10% 지방세 포함)까지 적용되지만 법인은 22%(지방세 포함)가 적용된다. 건물은 시세차익이 최소 10억 원이 넘으므로 무조건 법인이 유리하다.

법인의 경우 불리한 점은 개인 투자자금을 회수할 때 세금을 내야 한다는 것이다. 따라서 매년 최대한 세금을 적게 내는 한도 내에서 개인 투자자금을 회수할 것을 추천한다.

법인 취득세	
비주택(토지, 건물, 오피스텔)	4.6%
5년 내 과밀억제권에서 취득	9.4%

분류	수익금	대출한도	취득세	임대소득	양도세
법인	마음대로 쓸 수 없다.	70~80%	주택은 개인보다 높고 주택 외는 같다.	유리하다	차익 2억 원 이상 단기매매에 유리
개인	자유롭게 쓸 수 있다.	60~70%	주택은 법인보다 낮고 주택 외는 같다.	불리하다	10년 이상 장기 보유 시 유리

대출 비교

개인은 임대업이자상환비율, 즉 RTI 규제가 적용되므로 대출이자 대비 임대수익이 1.5배 이상 되어야 한다. 하지만 법인은 RTI 규제를 적용받지 않는다. RTI 적용 여부에 따라 대출 금액이 달라질 수 있기 때문에 개인으로 할지 법인으로 할지 결정해야 한다.

예를 들어 임대료가 낮은 건물을 매입할 경우 개인은 임대료를 기준으로 하기 때문에 대출 한도가 낮게 책정될 수 있다. 하지만 법인은 제한 없이 최대 한도로 대출받을 수 있다. 대출을 많이 받을 경우 법인으로 진행하고, 대출을 많이 받지 않는다면 개인으로 매입하는 것이 효과적이다.

법인의 경우 소유하고 있는 아파트와 오피스텔 등으로 공동담보를 진행하면 매매가의 최대 80%까지, 공사비는 70%까지 대출이 가능하다.

자금계획표를 만들어라

건물 투자의 방향을 정하고 지역을 선정한 후 매입을 결정했다면 실투자금을 파악하고 자금 운용 계획을 세워야 한다. 여기서 실투자금이란 대출금액을 제외하고 실제 투입할 수 있는 현금을 말한다.

부동산중개사에게 건물 매입을 문의할 때는 반드시 실투자금을 알려줘야 한다. 그래야 대출 가능 금액을 산출하고 자금에 맞는 매물을 추천받을 수 있다. 우리가 실제 투자할 수 있는 금액은 13억 8천만 원이었다.

매입할 건물이 확정됐다면 다음으로 확인해야 할 것은 대출 여부와 금액이다. 대출이 매매금액 대비 80%라고 생각하는 사람들이 많다. 대출 가능 금액은 해당 건물의 감정가(감정평가를 통해 산출)를 기준으로 결정된다. 매수자가 개인이냐 법인이냐에 따라, 그리고 추가 담보 제공 여부에 따라서도 대출금액이 달라진다. 우리는 매매를 위한 대출 25억 2천만 원, 공사비 대출 10억 5천만 원으로 총 35억 원을 대출받았다.

유효 담보가액 이상으로 대출해야 할 경우 추가로 활용하는 담보에는 공동담보와 신용담보가 있다. 2가지 담보는 상환 방식에서 차이가 있다. 신용담보는 원금과 이자를 같이 상환해야 하지만 공동담보는 이자만 상환해도 된다. 공동담보는 내가 사는 집 또는 소유 주택을 대상으로 설정한다.

우리는 2020년 11월에 계약하고 잔금 예정일은 2021년 5월로 기간을 여유 있게 잡았다. 잔금을 치르고 나면 바로 이자가 나가기 때문에 잔금 후에 바로 공사에 들어가는 것이 유리하다. 잔금 후 설계가 늦어지거나 기간이 늘어나면 그만큼 이자가 더 나가기 때문에 잔금 기간을 6개월로 잡고 그때까지 명도, 용도 변경, 설계, 멸실, 신축 인허가를 진행했다.

대출받을 때는 1년치 이자비용을 꼭 따로 넣어놓아야 한다. 당시에는 2.3%대로 받았는데 금리가 올라 2022년 후반을 기준으로 약 5% 중반 정도 된다. 그런데 처음부터 은행이자를 통장에 따로 넣어놓았기 때문에 '다달이 얼마나 빠져나간다'는 것을 신경 쓰지 않는다. 1년치 이자비용을 반드시 투자금에 포함해서 자금 계획을 세워야 이자가 나가는 것에 대한 부담을 줄일 수 있다.

역삼동 신축공사 자금 계획 및 수익률

1. 투입 금액 내역
(단위:만 원)

내용		금액	비고	비율/금리
① 매매금액		315,000	총비용 495,447	
② 취득세	+	14,490	등기 접수 시 완납해야 함	4.60%
③ 등기비용	+	630	채권할인, 법무사 수수료 포함(채권할인율에 따라 변동될 수 있음)	0.20%
④ 은행이자(1년)	+	12,492	사업비에 포함 *월 1,041만 원	3.50%
⑤ 중개보수	+	2,835	부가세 별도	
⑥ 신축공사비	+	150,000	150평 철거 + 설계 + 감리 + 신축시공 + 준공	
⑦ 대출금액	-	357,000	우리 잔금 대출 25.2억 원 시설대출 10.5억 원	3.50%
⑧ 총 사업비용	=	138,447	① + ② + ③ + ④ + ⑤ + ⑥ - ⑦	

* 3~5년 뒤 재매각 80억 원

2. 준공 후 임대료 및 지출 내역

⑨ 보증금 임대료		**1,800**	준공 시 적용(보증금 2억 원 / 임대료 1,800만 원)	
⑩ 월 이자	-	983	임차 후 보증금 차감 33.7억 원 3.5% 기준	
⑪ 월 수익금	=	817	⑨ - ⑩	

3. 정리(연수익률)

⑫ 인수금액		138,447	각종 세금 모든 부대비용 포함
⑬ 순 월수입		817	
⑭ 세전 연수익률		**7.08%**	⑬ * 12 / ⑫ * 100

*등기비용은 대략적인 금액으로 변동될 수 있음.

신중하면서도 빠르게 결정하라

설계와 시공사 선정

건축사 선정은 파트너십으로

나의 목표를 정확하게 이해하고 내 건물처럼 빠르고 확실하게 설계해주는 건축사를 만나는 것이 무엇보다 중요하다. 건물 투자에서 시간은 돈이다. 대부분 대출을 받기 때문에 한 달 이자비용이 몇백만 원에 이르고 완공까지 시세는 계속 변동한다.

건축상을 받을 정도로 예술적인 건물을 지을 것이 아니라면 빠른 시일 내에 건물을 설계하고 건축해야 한다. 계약금을 내고 잔금을 치르기 전에 가장 먼저 진행한 것은 바로 설계였다. 내 인생의 첫 건축인 만큼 건축사 세 팀을 소개받아 미팅을 진행했다. 가장 먼저 업계에서 유명하다는 건축사를 만났다. 그는 자신의 의견을 차분히 피력했다.

"설계 기간은 충분히 시간을 주세요. 설계를 다양하게 구성해서 중간에 계획이 변경될 수도 있습니다. 가장 중요한 건 시공사인데, 우리의 설계를 최대한 구현해줄 시공사를 우리가 선정하겠습니다."

한마디로 충분한 시간을 주고 모든 것을 일임하라는 것이었다. 첫 미팅 후에 우리는 '예술적인 건축을 하려는 분하고 일하기는 힘들 것 같다'는 생각이 들었다. 물론 예술적 감각으로 설계를 구성해서 정말 멋진 건물이 나오면 좋을 것이다.

하지만 우리가 원하는 완공 시기와 방향이 아니었다. 우리는 5월에 잔금을 치르면 바로 착공에 들어갈 계획이었다. 당시에 한 달 대출이자만 해도 700만~800만 원 정도였기 때문이다(토지담보 대출만 이자를 내다가 건축을 시작하면서 공정별로 기성고 대출을 실행하면 그 비용만큼 더해져서 이자가 더 나가게 된다).

빠른 시일 내에 건물을 신축해서 시세차익을 보기 위한 투자 전략에서는 설계 단계에 그렇게 많은 시간을 쓸 수 없다.

세 번째 만난 건축사는 무엇보다 실무를 잘 알고, 현실적으로 우리가 원하는 것을 빠르게 구현해주었다. 첫 미팅에서 이미 3가지 설계안을 제시했는데, 건물의 전면을 크게 만들어준 것이 마음에 들었다. 'ㄴ' 자 모양으로 뒤에는 조금 좁아지더라도 전면이 커서 건물이 더 넓어 보이는 효과가 있었다. 비전문가들은 미처 생각하지 못한 부분이었다.

건물이 넓어 보이는 'ㄴ' 자 설계

역삼동 빌딩 설계도

"건폐율(대지 면적에서 건물 면적이 차지하는 비율)이 50%이면 건물이 왜소해 보일 수 있습니다. 그러니 통사옥 임대를 맞출 건물 외관이 어떻게 하면 더 웅장해 보일 수 있는지에 중점을 둬야 합니다."

또 건물의 창문을 없애는 데 있어 기능을 추구할 것인지 미관을 추구할 것인지를 고려했을 때, 가시성을 위해 창호 부분을 뚫는 설계를 제안했다.

설계 단계에서 우리의 의견이 가장 크게 들어간 부분은 주차였다. 상가 사무실 임대차를 많이 해본 경험에 따르면 통사옥 임대를 위해서는 주차가 무조건 편리해야 했다.

One Point Lesson

통사옥 임대는 주차가 핵심이다

CEO에게 주차는 정말 중요한 필수 요소이다. 아무리 건물이 좋아도 주차 공간이 없으면 임차하지 않으려고 한다. 임대료를 지불하고 주차해야 하는 번거로움 때문이다. 건물을 만들 때 주차가 편리하도록 공간을 확보해야 한다.

시공사 선정, 마지막까지 꼼꼼히

설계가 끝나면 시공사를 선정해야 한다. 견적도서, 일명 공사 견적서를 각 시공사에 배포하면 시공사들이 견적을 내는데, 대략 2주 정도 소요된다.

시공사에서 보내온 견적도서에는 정말 다양한 금액이 적혀 있다. "왜 같은 품목을 시공사들에 전달했는데 금액이 이렇게 차이 나지?"

같은 설계에 A시공사는 12억 원, B시공사는 13억 5천만 원, C시공사는 15억 원을 제시했다. 기본 건축비에 관리비가 추가된다는 것을 알기 전까지 견적 비용이 왜 다른지 이해하지 못했다.

시공사는 회사 규모에 따라 도급 순위가 다르고, 순위가 높을수록 관리비가 더 높게 책정된다. 기본 건축비 12억 원에 관리비가 회사별로 더 붙는 것이다.

여기서 관리비란 시공사의 규모와 직원들의 월급이라고 생각하면 되는데, 도급 순위가 높을수록 규모가 크니 당연히 직원들도 많을 수밖에 없다. 비용을 적게 제시한 시공사를 선택하자니 부실 공사가 되는 건 아닌지 불안하고, 비용을 높게 부른 시공사를 선택하자니 부담이 되었다.

그러다 아는 건축사를 통해 시공사를 소개받았다. 시공사 대표는 현재 공사를 진행하고 있는 건물들을 함께 돌아보며 꼼꼼히 파악할 수 있게 해주었다.

철거와 착공, 무엇보다 안전이 중요

시공사를 선정한 다음에는 건물 철거에 들어간다. 신축은 건물 전체를 철거하고, 리모델링은 살리고자 하는 부분을 제외하고 철거를 진행한다. 우리는 신축을 위해 전체 철거를 진행했다.

철거 과정에도 많은 문제들이 발생했다. 굴착기가 반대 방향으로 잘못 틀어서 옆집 담을 건드린 일도 있었다. 담이 무너지면서 옆 건물 지하 스튜디오의 에어컨 실외기가 같이 넘어졌다. 철거 소장이 미안하다고 사과하고 A/S 접수만 해놓고 우리에게 이야기하지 않은 것이 문제였다.

무더운 초여름 실외기가 고장 나서 에어컨을 틀 수 없게 되자

철거 도중 무너진 담

민원 해결에는 돈을 아끼지 마라

공사를 진행하다 분쟁이 발생하면 건축주와 현장 공사 담당자가 빠르게 소통해야 한다. 가능한 문제가 발생한 당일에 해결하는 것이 좋다. 하루 이틀이 지나면 감정 문제로 번지기 때문에 해결하기가 더 어려워진다. 문제가 발생했다면 즉각적으로 사과하고 잘못된 부분이 있으면 빠른 보상을 약속한다. 현장 담당자가 해결하기를 기다리면 안 된다. 공사가 지연되면 금융비용 등 실질적으로 손해 보는 것은 건축주이다.

화가 난 스튜디오 운영자가 구청에 민원을 넣는 바람에 철거 공사가 2주 정도 중단되었다. 우리는 공사가 중단되고 나서야 그 사실을 알았다.

공사가 멈춘 채 시간을 보낼 수가 없어서 직접 스튜디오 운영자를 찾아가 사과하고 확실한 보상을 약속하며 마무리할 수 있었다. 무너진 담은 다시 세우고 실외기도 새로 교체해주었다.

철거가 끝나면 착공에 들어가야 한다. 내 집, 내 건물을 짓는다는 것은 누구에게나 로망이자 꿈이다. 설계부터 마무리까지 전문가의 도움은 필수이지만, 막상 건물을 짓게 되면 건축주는 갑이 아닌 을이 된다. 건축주가 아무리 눈을 크게 뜨고 있어도, 전문지식과 경험이 없다면 끌려갈 수밖에 없다.

착공하는 설렘도 잠시 또 문제가 생겼다. 처음에는 굴토심의를 받지 않아도 되었는데, 철거 지연으로 굴토심의를 받아야 하는 상황이 되었다. 굴토심의란 건축물의 굴착 공사 시 주변의 지반 침하, 지하공동 생성, 도로 함몰 등 안전사고가 발생할 수 있는 우려를 해소하고자 계획·설계 단계에서 사전 심의를 통해 굴토 공사와 인접 구조물의 안전과 설계 적정성을 검토하는 것이다.

계획에 없던 굴토심의로 계획한 착공 일자에서 한 달이 늦어지고 비용도 추가되었다. 여유 있게 1년으로 예정한 공사 일정에서 2~3개월이 더 소요되었다.

굴토심의를 받고 착공에 들어가면 일사천리로 진행될 줄 알았는데 또다시 '긴 기다림의 시간'이 왔다.

6층 건물을 신축하기 위해서는 소방시설을 반드시 갖추어야 한다. 지하 1층에 저수조를 묻으면 지하층을 사용할 수 없다. 지하층을 사용하기 위해 지하 2층까지 파야 했고, 지층 총 9.5미터를 파

토목공사만 3~4개월이 걸렸다.

는 과정에서 풍화암이 나왔다.

다행히 풍화암은 돌의 강도가 약해서 굴착기로 작업할 수 있었지만, 돌을 깨는 과정에서 시간이 지연되었다. 우리가 현장을 보러 갈 때마다 땅을 파고 또 파고 있다는 생각이 들 만큼 오래 걸렸다. 그 이후로 3~4개월 지난 후에야 토목공사를 시작할 수 있었다.

빌딩 하나를 짓는데 예상치 못한 일은 계속 생긴다. 모든 단계에서 문제가 없었던 적이 없다. 건물을 올리면 10년은 늙는다는 말이 있듯이 그만큼 마음을 단단히 먹어야 한다.

모든 일이 계획대로 진행되지 않기 때문에 어떤 일이 발생했을 때 너무 하나의 문제에 몰입해서 그때마다 감정적으로 대처하면 안 된다. 지나고 나면 큰일도 아니니 말이다.

One Point Lesson

시공사 결제는 공정별로 하라

시공사와 계약할 때 자금 지급 방식은 보통 2가지다. 월별로 계산하는 방식과 공정별 계산 방식이다. 계약할 때, 지하를 파기 시작할 때, 1층의 토대를 다지고 6층까지 건물이 올라갈 때 등 공정별로 자금을 지급하면 시공사에서 일정에 맞게 진행한다. 선시공 후지급이니 자잿값을 빨리 해결하려면 일정에 맞게 진행할 수밖에 없다.

임대료 700만 원을 더 받는 한 끗 차이
인테리어와 임대차

▌인테리어, 사소한 것에 비용을 아끼지 마라

▌건물이 매월 한 층씩 올라가고 가림막(비계)을 해체하는 순간 뿌듯한 마음을 감출 수 없었다. 지붕 층의 타설(거푸집과 같은 빈 곳에 콘크리트를 부어 넣는 것)을 완료하고 외벽을 붙이면서 내부 작업도 같이 한다.

가림막을 벗기고 그 뒤에 창호를 붙이면 진짜 건물의 모습이 나온다. 단순히 꼬마빌딩을 매입하는 건물주라고 하더라도 개발 프로세스를 알고 접근하면 임대를 하고 관리하기가 훨씬 수월하다.

준공이 어느 정도 진행되고 건물의 모습을 갖추면 건물주는 직접 사용할지 임대를 할지 고민하게 된다. 준공과 동시에 건물 내부의 마감도 거의 다 끝나야 하는데, 우리가 생각하는 준공의 기준과 시공사에서 생각하는 준공의 기준이 달랐다.

우리는 고급 임대차를 진행하기 위해 쾌적하고 깨끗한 환경을 다시 만들어야 했다. 임차인이 책상과 가구만 들여오면 바로 사용할 수 있도록 자재 하나하나까지 신경 썼다. 화장실도 카페 분위기에 멋진 거울을 달고 조명도 추가했다. 탕비실도 고급 자재를 사용해서 카페 분위기를 연출했다.

개인적으로는 특히 조명에 신경 썼다. 밤에 어두컴컴한 건물 모습은 을씨년스럽다. 그래서 건물 외벽에 야간 조명을 설치하여 사람들이 건물을 빠져나가도 따뜻한 느낌을 낼 수 있도록 했다. 건물의 조명도 하얀색보다 전구색으로 따뜻하고 안정감 있고 고급스러운 느낌을 주었다.

모두 퇴근한 뒤에도 따뜻한 분위기를 유지할 수 있는 조명

대부분의 건축주들이 마지막에 공사비용을 아끼려는 심리가 발동한다. 하지만 10%만 신경 쓰면 아주 작은 차이로 좋은 가격에 빠르게 임대를 놓을 수 있다. 화장실 수전, 거울, 손잡이 등 사소한 부분에 고급스러움을 더한다면 원하는 수준에서 임대차를 맞추기가 훨씬 수월하다.

우리가 건물을 완공하고 나서 인테리어에 추가로 투자한 비용은 약 1억 원이다. 마지막에 아끼지 않는 것이 강남에서 꼬마빌딩을 성공적으로 매매하고, 고급 임대차를 맞추는 비결이기도 하다.

고액 임대수익을 위한 사소한 투자

작은 차이가 명품을 만든다.

- 화장실 수전
- 거울
- 손잡이
- 핸드드라이어
- 탕비실
- 휴게 공간
- 조경
- 스위치(가능한 실버 톤으로)
- 콘센트 색깔

임대차, 수익률을 결정짓다

인테리어에 투자한 결과 우리 건물은 임대차를 내놓은 지 딱 일주일 만에 계약이 진행됐다. 앞서 공개한 자금계획표에 따르면 보증금 2억 원에 월 임대료 1,800만 원을 예상했다. 하지만 실제로는 보증금 2억 원에 월 2,500만 원으로 계약했다. 예상보다 700만 원을 더 받은 것이다. 심지어 우리와 계약한 임차인은 다른 건물에 걸었던 계약금까지 포기하면서 우리 건물을 선택했다.

"원래 다른 건물을 계약했는데, 인테리어 비용이 오히려 더 많이 들 것 같아서 계약금을 포기하고 왔습니다. 이 건물은 젊은 감성으로 잘 꾸며져 있어서 따로 인테리어할 필요가 없을 것 같아요."

다시 한 번 설계의 중요성과 마지막 단계인 인테리어 비용을 아끼지 않아야 한다고 느꼈다.

사무실 임차는 풀옵션 개념으로 접근하라

건물주들은 보통 임차인들이 들어와서 자신들의 용도에 맞게 인테리어를 한다고 생각한다. 하지만 전혀 그렇지 않다. 상가 임차인들은 음식점이나 카페 등 업종의 콘셉트에 맞춰 진행하지만, 사무실 임차인들은 바닥이나 천장 등에 돈을 전혀 쓰고 싶어 하지 않는다. 인테리어보다는 회사 콘셉트에 맞는 가구와 직접 사용하는 컴퓨터 등에 더 투자한다.

아파트로 비교하면 상가 임차인은 전세, 사무실 임차인은 월세에 해당한다. 도배, 장판, 화장실 등 내부 시설물이 고장 나면 임대인이 수리해줘야 한다. 이왕 큰돈 들여서 신축하는데 세련되고 고급스러운 인테리어로 꾸미면 임대인도 빨리 찾고 고액 월세도 받을 수 있다. 특히 보이는 곳에 절대 돈을 아끼지 말자. 고급스럽고 쾌적하고 깨끗한 곳은 돈을 더 내고도 들어가고 싶어 한다.

더 큰 목표를 위한 또 다른 투자

재매각

수익률 100%를 목표로

1년 반 동안 우여곡절을 겪으며 탄생시킨 우리의 첫 건물. 애정을 쏟은 만큼 매각하기가 아깝다. 첫째 딸을 시집보내는 기분이 이럴까 싶을 정도이다. 하지만 우리의 다음 목표는 청담동의 건물주가 되는 것이다.

해당 건물은 좋은 주인에게 보내고, 우리는 다음 목표를 향해 나아갈 것이다. 낡은 건물을 사서 허물고 신축한 다음 임대를 놓고, 이후에 매각은 어떻게 진행될까?

강남권에 수익률 3% 중반대로 고액 임대를 맞추고 매각을 진행한다. 강남 지역 매매에서는 고금리 시기에도 대출을 많이 받지 않거나 전액 현금으로 건물을 사는 사람들도 있다. 이들은 관

건축 절차 및 기간

토지 계약	설계 및 인허가	시공	임대
1개월	4개월	10~12개월	2개월

리하는 데 크게 신경 쓰지 않아도 되는 신축이나 리모델링이 완료된 건물을 안정 자산으로 보유하려고 하기 때문에 그들에게 매각을 진행할 수 있다.

우리는 강남권 신축공사였기에 고액 임대차를 맞추고 수익을 낸 후 건물을 매각해 시세차익을 얻을 수 있다. 리모델링도 신축처럼 고급 공사를 통해 재매각을 진행한다. 다만 위탁운영은 핫플레이스 카페를 운영하는 것이기 때문에 임대료보다 매장 운영을 통해 수익률을 높인다.

그렇다면 왜 건물주들은 신축하거나 리모델링을 해서 건물의 자산의 가치를 높이려고 하지 않을까? 이유는 단순하다. 현재 강남의 노후 주택을 소유한 사람들 중에 대출이 전혀 없는 고령자가 많다. 이들은 대부분 재산을 정리하려고 한다. 또 증여받은 사람들은 다주택자 양도소득세 중과로 집을 정리하고 상급지 건물에 투자하려고 한다. 따라서 자기 소유 건물의 리모델링이나 신축에 별 관심이 없다.

건물주가 되었다면 재투자는 어떻게 해야 할까? 건물 투자를 해보지 않은 사람들은 이렇게 말한다.

"40억 원에 사서 1년 만에 75억 원에 어떻게 팔아?"

"이거 안 팔리면 어떡할 거야?"

적은 투자금액도 아니고, 대부분 건물 하나에 전 재산을 투자하므로 불안한 것이 당연하다.

우리가 투자할 때 반드시 지키는 원칙이 있다. 매수할 때 대출을 제외하고 실제 투자한 현금의 100% 수익을 내는 것이다. 현재 강남의 부동산은 수익률이 평균 1% 후반대이다. 우리 건물처럼 31억 5천만 원에 매입해서 신축을 통해 가치를 높이고 월 임대료 2,500만 원을 받는다면 85억 원에 재매각할 수 있다.

임장을 한 군데라도 다니면서 강남권 매물들을 보고, 또 건물에 직접 투자해보면 절대 허황된 금액이 아님을 알 수 있다.

실패 확률 0%, 자금계획표

우리가 고객들에게 소개하는 기준은 딱 하나이다.

"이 건물, 너희 가족에게도 권할 수 있겠어?"

"너희 가족이라면 이 금액을 주고 사라고 하겠어?"

우리 가족이 기꺼이 살 만한 건물들을 추천한다. 우리는 건물을 소개하기 전에 필요한 자금과 재매각 예상 금액을 자금계획표로 제시한다. 단순히 매입하고 공사비용만 계획하는 중개사가 아

31.5억 원 매입　　　　신축공사 15억 원　　　　현재 시세 85억 원

니라 임대차까지 맞추고 재매각까지 큰 그림을 그린 다음 고객들
에게 소개한다.

　부동산업계 관계자들은 '어떻게 부동산에서 명도까지 다 해주
냐?'라며 놀란다. 우리는 명도부터 용도 변경, 대출, 시공사 설계,
완공, 임대차까지 전 과정을 책임진다.

　그동안 내가 신축, 리모델링, 위탁운영 방식을 통해 건물주로
만들어준 고객들이 약 100여 명이다. 다행히 단 한 건의 실패도 없
다. 성공률 100% 비결은 대담한 실행력에 앞서 치밀한 준비다. 반
드시 해당 물건을 분석하고 투자 시뮬레이션을 진행한 뒤 자금계

획표를 전달하는데, 이것이 실패 확률 0%로 만들어준다.

물론 상황이 언제 어떻게 변할지 아무도 모른다. 전문가라면 위험 부담에 대해 끊임없이 고민하고 안전장치를 만들어야 한다. 과거에는 금리가 저렴했기 때문에 자금계획표에서 대출이자를 따로 산출하지 않았다. 지금은 금리 인상으로 대출이자를 포함한다.

가장 중요한 것은 바로 건물 소유주의 투자 목적, 자산 현황, 라이프스타일에 맞춰서 진행하는 것이다. 자기자본은 얼마나 되는지, 임대수익을 원하는지 단기간의 시세차익을 원하는지, 또는 해당 건물에 카페나 식당 등을 직접 운영할지 등에 따라 투자 전략이 달라진다.

다음 장에서는 나의 일대일 원 포인트 레슨(One Point Lesson)을 통해 꼬마빌딩을 소유하게 된 사람들의 사례를 자세히 알아볼 것이다.

3

자산 가치를 단숨에
2배로 높이는 신축

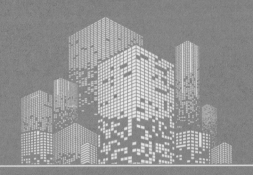

새로 지어진 건물은 이미 가치가 건물값에 포함되어서
매입하기에 부담이 크다. 주변 시세보다 싸게 살 수 있는 오래된 건물을 매입해서
헐고 새롭게 지으면 훨씬 큰 투자 수익을 얻을 수 있다.
우리는 최대한의 용적률로 고급 공사를 통해
비용 대비 더 많은 시세차익을 실현하는 것을 목표로 진행한다.
강남권에 좋은 건물이 없다고 하지만 가뭄의 단비처럼 탐나는 매물이 나타나곤 한다.
이런 기회를 놓치지 않고 인생 건물을 찾은 사람들이 있다.

100세 시대,
남은 인생을 책임질 꼬마빌딩

60대 은퇴자 부부의 작업실 겸 주거 공간

강남의 꼬마빌딩은 신축이나 리모델링을 해서 수익률을 개선할 수 있다. 강남 지역은 매매와 임차 수요가 많기 때문이다. 50대의 한 고객은 자신들이 거주하면서 임대수익을 얻을 수 있는 건물을 원했다. 그는 자기자본금 20억 원으로 서초동의 2층짜리 낡은 주택을 매입해서 지하 1층, 지상 5층짜리 빌딩을 신축했다. 1층, 4층, 5층은 건물주 부부가 입주했고, 2~3층은 프랜차이즈 본사 사무실로 사용하고 있다. 2년 만에 시세가 88억 원에 이른다.

우리가 거주하면서
아래층에는 임대를 주고 싶어요

부동산 열기가 뜨겁던 2020년 여름, 초등학교 교장으로 퇴직을 앞둔 P씨가 찾아왔다. 자녀들은 모두 해외 유학을 가 있고, 부부가 굳이 큰 평수에 살 필요가 없었다. 교장 선생님 부부는 작은 평수

로 옮기면서 남은 자금을 어떻게 운용할지 고민하던 차에 지인이
건물주가 되어 직접 거주하면서 임대수익을 올린다는 소식을 듣
게 되었다. 부부는 자신들도 비슷한 조건으로 건물을 짓기를 바란
다면서 2가지를 더 요청했다. 자신들은 위층에 살면서 아래층은
개인 공방으로 꾸미고, 나머지 층은 임대소득을 얻는 것이었다.

　교장 선생님은 확실한 노후 대비를 위해 건물을 지을 계획이었
으므로 재무 상황을 하나부터 열까지 빠짐없이 이야기해주었다.
퇴직 후 노후 자금이 얼마나 필요한지도 계산해두었다. 자녀들은
모두 국비 장학생으로 추가 교육비 부담이 없고, 살고 있는 작은
아파트도 매각해서 추가 자금을 확보할 수 있었다.

　우리는 자금 상황과 요청한 조건에 맞춰 서초동의 노후된 2층

강남대로 뱅뱅사거리

짜리 주택을 골랐다. 서초동 뱅뱅사거리 인근 대로변 이면에 자리 잡고 있어 가시성이 좋았고, 최근 서초 그랑자이 아파트가 입주하면서 주변 오피스텔까지 밀집해 주거 환경이 잘 갖춰진 지역이었다. 무엇보다 당시 평당단가는 6,700만 원으로 주변 시세와 비교했을 때 굉장히 합리적이었다.

두 사람은 서초구 지역을 워낙 잘 알고 있어서 보는 순간 좋은 물건이라는 것을 알아보았다. 우리는 2층짜리 노후된 주택을 허물고 지하 1층, 지상 5층짜리 건물을 지을 것을 제안했다.

강남 지역은 새 건물이 많지 않기 때문에 신축한 건물일수록 임대가 잘되고 임대료도 높게 책정될 수 있다. 서울 강남구 역삼동 노후 건물의 임대료와 준공 2년 차 신축 건물의 임대료는 최고 2배까지 차이 난다.

부부는 직접 들어가서 살아야 하는 만큼 주택가인 점과 합리적인 평당단가에 매우 흡족해하며 빠르게 매입을 결정했다. 우리는 잔금을 치르기 전에 확실한 계약 진행과 함께 임대인의 수고를 덜어주기 위해 임차인들의 계약 종료와 명도까지 도왔다.

해당 건물은 2개 층 모두 주택이었기에 명도가 수월했다. 1층과 2층에는 한 가구씩 살고 있었는데 가구당 500만 원 내외의 명도비를 책정했다. 주택의 명도는 상가에 비해 어렵지 않고 저렴하게 진행할 수 있다.

신축은 용적률 확인이 중요하다

용적률이란 대지 면적에 대한 연면적(대지에 건축물이 둘 이상일 경우 연면적
의 합계로 함)의 비율을 말한다.(건축법 제56조) 간단히 말해 건물을 올릴 수
있는 높이다. 건축법에 따라 건폐율(대지 면적에서 건물이 차지하는 비율)과
용적률에 맞춰 건축을 진행해야 하므로 용적률을 확인하는 것이 중요하
다. 매입한 건물의 용적률은 해당 시의 도시계획조례를 확인하면 된다.
(법제처 국가법령정보센터)
기존의 대지를 매입할 경우 건폐율은 변동될 것이 없지만, 용적률을 잘
확인해보면 1개 층 정도 더 높일 수 있다. 용적률은 지하층을 제외하고
지상층 전체 면적(모든 층수의 바닥 면적을 포함)의 비율이므로 지하층이 이
미 있거나 새로 만들 수 있는 구조에서 공간을 확보할 수 있다.

절반은 거주, 절반은 임대수익

약 10개월 동안 공사를 진행해 지하 1층에서 지상 5층으로 완공
하고 고급 통임대차를 맞춰주었다. 현재 1층, 4층, 5층은 매수자이
자 건물주 부부가 거주와 작업실로 사용하고, 지하층과 2~3층은
프랜차이즈 본사 사무실로 임대를 주었다.

2020년에 40억 원에 매입한 주택은 2년 만에 시세가 80억 원대
이다. 실제 투자금이 22억 2천만 원이었으니 월 은행이자 691만
원을 제외하고도 연 임대수익이 5.45%(2020년 금리 2.4% 기준)이다.

고객들이 나를 만나기 이전과 이후의 삶이 달라지는 것을 보면

보람을 느낀다. 특히 부모님 같은 분들이 건물 소유를 통해 안정적인 노후를 준비하는 것을 보면 내 일처럼 뿌듯하다.

아파트에 살다가 신축 건물에 거주하려면 불편할 수 있다. 대지가 50평대라 해도 건평은 한 층당 20평대밖에 되지 않는다. 꼬마빌딩을 구매하기 전에 반드시 몸테크(실거주하며 오를 때까지 몸으로 버티기) 정신이 필요하다. 좁고 불편하더라도 시세차익과 임대수익이라는 두 마리 토끼를 잡을 수 있으니 말이다.

2종 일반주거지역에 있는 해당 건물을 매입했을 때 취득세

서초동 40억 원 매입   신축공사 14억 원   현재 시세 88억 원

신축공사 비용(2020년 기준)	신축공사 비용(2022년 이후)
● 51평 기준 3.3㎡당 　(지하 1층~지상 5층)	● 51평 기준 3.3㎡당 　(지하 1층~지상 5층)
● 평당 700~800만 원 선	● 평당 1,000만 원 선

신축공사 비용 비교

(4.6%) 1억 8천만 원, 등록세(0.2%) 800만 원, 50평짜리 건물을 세우는 데 설계부터 철거, 준공까지 12억 원이 예상되었다. 토지 대출은 26억 4천만 원, 공사시설 대출은 7억 원으로 총 33억 4천만 원까지 대출받을 수 있어서 자기자본은 22억 2천만 원이 투자되었다.

One Point Lesson

낡은 건물 신축, 투자금액만큼 얻을 수 있다

신축공사가 어렵게만 느껴질 수 있지만 시세차익이 가장 높은 것이 신축이다. 2년 정도만 지나면 투자금액만큼 시세차익을 얻는 것도 어렵지 않다. 신축으로 초기 투자금이 더 많이 들더라도 위치만 좋으면 얼마든지 환금성과 시세차익을 볼 수 있다.

초단기투자로 수억 원 뚝딱

1년 만에 37억 원의 시세차익

누구나 시세 대비 저렴하게 좋은 건물을 매수하길 원한다. 하지만 명도비가 아까워 좋은 물건을 포기하는 사례도 빈번하다. 우리는 건물을 살 때 반드시 명도비까지 더해서 매수금액을 책정하라고 한다. Y씨가 명도비 8천만 원이 아까워서 포기했다면, 1년 만에 37억 원이라는 시세차익을 얻을 수 없었다.

현금 17억 원이 있는데 짧은 기간에 시세차익을 얻을 수 있는 건물 없을까요?

미팅룸에 들어갔을 때 문을 닫기도 전에 Y씨는 벌떡 일어나 깍듯이 인사하며 환한 얼굴로 먼저 악수를 청했다. 순간 아는 사람인가 하고 자세히 살펴보았지만 처음 보는 얼굴이었다. 그는 첫 만남에도 마치 계속 알고 지낸 사람처럼 친근하게 대했다.

오랫동안 부동산 공부를 해왔고 목적도 확실하기에 그는 시간 낭비 없이 바로 본론에 들어갔다.

오래전부터 그는 건물 투자에 관심이 있었지만 아무래도 큰 금액이다 보니 결정을 내리기가 쉽지 않았다. 원금을 절대 잃지 않을 투자 대상을 찾아 부동산 채널과 오프라인 강의까지 안 다녀본 곳이 없다고 했다. 그러던 중 지인을 통해 강남 매물을 중점으로 다루는 우리를 알게 되었고, 충분한 자료 조사를 해본 결과 투자금을 맡겨도 좋겠다는 확신이 섰다고 한다. 그는 투자금 100% 회수라는 우리의 방식이 상당히 마음에 들었고, 빌딩 가치투자의 가능성을 보았다.

우리는 선택과 집중으로 돈이 될 만한 강남 지역의 블루칩(우량 물건)을 몇 개 소개했다. 마침 Y씨의 자금 사정에 딱 맞는 입지 좋은 매물이 있었다.

우리 회사에는 매 시간 틈이 없을 정도로 찾아오는 고객이 많다. 하지만 강남 지역의 물건은 한정적이고 모두에게 다 소개할 수는 없다. 별것 아닌 것 같지만 Y씨처럼 인사 하나에도 좋은 인상을 남기는 사람, 대화할 때 서로 믿음이 가는 사람에게 마음이 가게 마련이다. 부동산을 거래할 때는 중개사와 친밀한 관계를 형성하는 것이 중요하다. 중개사들도 사람이기에 좋은 매물이 나오면 조금이라도 친한 사람에게 연락하게 마련이다.

Y씨에게 소개한 건물은 초역세권으로 지하철역에서 도보 2분 거리에 있다. 지하 1층과 지상 1층은 음식점으로 운영하고, 2층은 주택이었다. 가시성과 접근성이 좋은 건 기본이고, 주변에 사무실이 밀집되어 오피스 상권이 형성되어 있었다.

Y씨는 상당 시간 건물 공부를 한 만큼 입지의 중요성이나 진행 과정을 굳이 세세하게 설명하지 않아도 금방 이해했다.

그는 투자 매물 답사를 마치고 우리가 제시한 자금계획표를 꼼꼼히 확인한 후 빠르게 매수 결정을 내렸다. 신뢰가 있었기에 가능했던 거래였다.

하지만 이 건물의 매입을 진행하는 데는 큰 이슈가 있었다. 바로 명도 문제였다. 1층에서 임차인이 10년 동안 음식점을 하고 있었고, 여전히 활발하게 성업 중이어서 비워주기가 쉽지 않아 보였다. 역시나 임차인은 명도비를 더 달라고 버텼다.

건물주와 임차인의 싸움은 극으로 치달은 상황이었다. 임대인의 얘기를 들어보니 임차인이 명도비로 몇억 원이나 요구하는 터에 명도 소송까지 진행했다고 한다. 임대인이 이겼는데도 임차인이 버티고 있는 상황이었다.

우리는 명도 절차를 의논하기 위해 임대인(매도인)에게 임차인을 직접 만나보겠다고 했다. 전후 사정을 들어보니 돈이 문제가 아닌 감정 싸움이었다.

"섭섭한 마음 푸세요. 그리고 원래 임대인(건물주)이 명도비를 주는 게 아니라 새로운 매수인이 돈을 주는 상황이에요."

우리는 막무가내인 임차인에게 차분히 상황을 설명하고 적절한 선에서 합의해달라고 정중하게 부탁했다.

임차인은 서운하고 섭섭한 마음에 임대인(건물주)하고 대화도 하지 않고 마음고생도 심했다고 하소연하더니, 자신의 말을 끝까지 진심으로 들어주고 잘 처리해줘서 우리에게 오히려 고맙다고 말했다.

건물을 매도하고 매수하는 과정에서 감정 싸움으로 번지는 경우가 자주 있다. '네 맘대로 해봐라!'는 식으로 무작정 버티는 사례를 심심치 않게 본다. 임차인마다 처한 상황과 요구 사항이 다르기 때문에 정답이 없다. 명도는 일종의 협상 과정이다.

"40억 원짜리 건물인데 명도비를 그렇게 많이 주고 나면 8천만 원 더 손해 보는 것 아닙니까?"

우리가 제시한 명도비에 대한 Y씨의 반응이었다. 우리는 정말 좋은 물건을 40억 원이 아닌 40억 8천만 원에 매입했다고 생각하자고 설득했다.

시세차익이 확실하다면 명도비를 더 주더라도 나중에 얻을 이익을 생각해서 작은 것에 연연해하지 말고 적극적으로 기회를 잡아야 한다.

명도비에 연연해하지 말고 큰 그림을 보자

모든 건물 투자에서 가장 어려운 것이 명도이다. 특히 초보 건물주들에게 명도는 쉽지 않은 과정이다. 특히 임차인과 매수인 간에 감정적으로 충돌하면 난관에 봉착할 수 있다.

이런 문제를 피하기 위해 매매계약서를 작성할 때 매도인(건물주)에게 임차인 명도를 책임지도록 유도한다. 하지만 매도인(건물주)에게 명도는 솔직히 부담스러운 일이다. 지금까지 오랫동안 임차인들과 얼굴을 봐온 사이인데, 계약 기간이 끝나지도 않아서 나가달라고 요청하기가 쉽지 않다. 이런 이유로 건물주 대부분은 매수인(새로운 건물주)에게 임차인 명도를 직접 하라고 말하는 경우가 많다.

우리는 명도까지 직접 진행한다. 명도비를 터무니없이 많이 부르는 막무가내 임차인, 강남의 노후된 건물만 골라 들어가 명도비를 노리는 임차인도 있다. 이들이 버티고 나가지 않으면 공사 지연에 따른 손해를 볼 수 있다.

우리는 임차인에게 명도계약서를 받아 서류상으로 완벽하고 깔끔하게 해결한다. 때로는 매수인과 협의하기 전에 우리 부동산에서 먼저 명도비를 줄 때도 있다. 매수인에게는 우리가 먼저 주고 해결했다고 이야기한다. 전문가와 함께한다면 명도를 원만하게 진행하고 매수할 수 있다.

공간을 넓어 보이게 하는 것이 핵심

잔금을 치르기 전까지 명도하고 멸실하는 조건으로 계약을 진행했다. 기존 건물을 철거하고 잔금을 치른 다음 바로 신축공사에 들어갔다. 약 10개월에 걸쳐 공사하고 건물이 완공되었을 때 보증금 2억 원에 월 임대료 2,200만 원으로 고급 임대차까지 맞췄다

신축	리모델링
● 연면적 150평 기준 (지하 1층~지상 5층)	● 연면적 40평 기준 (지하 1층~지상 2층)
● 보증금 2억 원에 2,200만 원	● 보증금 1억 원에 월 600만 원

신축과 리모델링의 임대료 비교

(처음 자금계획표에서 예상한 임대료는 보증금 1억 원에 1,800만 원이었다).

신축이 아니라 리모델링 공사를 했다면 어떻게 되었을까?

임대료가 평당 12~15만 원이라고 했을 때 40평대였으니 약 600만 원이다. 아무리 리모델링을 잘해도 전체 사용하는 면적이 작으니 수익도 적을 수밖에 없다.

이 건물은 대지 51평에 제3종 일반주거지역에 위치하여 용적률(대지 면적에서 건물 각층의 바닥 면적을 합친 면적이 차지하는 비율)이 250%로 지상 6층까지 지을 수 있었다. 하지만 6층까지 한다면 소방 설비(스프링클러)를 하고 지하층에 저수조를 설치해야 한다. 그렇게 되면 지하 2층까지 파야 하고 비용도 추가될 뿐 아니라 각 층고 외에 여러 한계가 있을 것으로 판단했다. 따라서 지하 1층, 지상 5층으로 설계하고 각 층고를 높였다.

4층의 경우 코너 부분을 통창으로 구성하여 공간이 넓어 보이는 효과를 얻었고, 사무 공간과 테라스를 활용한 휴게 공간으로 나눴다. 5층은 층고를 4m로 높여서 실제 면적보다 넓어 보이게 했다.

개방감과 채광 효과를 얻은 코너 통창

투자를 넘어 수익률 100% 회수

상가 사무실 중개를 7년 이상 진행하면서 다각도로 공부하고 실전 경험으로 실력을 쌓아온 나는 처음부터 임대가 잘되고 잘 팔릴 수 있는 방향으로 진행했다. 해당 건물은 입지가 워낙 좋기도 했지만, 나만의 임대차 노하우로 준공이 완료되었을 때 처음 예상했던 것보다 훨씬 더 많은 금액으로 임대를 놓을 수 있었다.

고객들이 원하는 것은 원금을 절대 잃지 않는 투자를 넘어 수익률 100% 회수이다. 매매 계약부터 어려운 명도 문제 해결, 철거, 설계, 시공 완료를 넘어 엘리베이터 자재 하나하나까지 꼼꼼히 골라서 성공한 사례이다.

서초동 40억 원 매입   신축공사 15억 원   재매각 77억 원

신축 시 나는 반드시 1년치 이자비용을 사업비용에 넣어놓고 진행한다. Y씨는 토지 대출 32억 원에 공사시설 대출 8억 4천만 원으로, 총 40억 4천만 원의 대출을 받았다. 설계에서 준공까지 신축공사 비용은 총 13억 5천만 원이 들었고, 취득세(4.6%) 1억 8천만 원, 등록세(0.2%) 800만 원이 지출되었다. 1년치 이자비용까지 포함해 실제 투자금액은 17억 원으로 40억 원짜리 건물을 매입했고, 1년 만에 77억 원에 매각해서 시세차익을 얻었다.

One Point Lesson

꼬마빌딩 가치투자의 기술

계약하기 전부터 어떻게 건물의 가치를 높여서 얼마에 임대차를 맞추고 매도할지 빠르고 정확하게 분석해야 한다. 막연하게 어디에 건물을 사면 오르겠지, 부동산은 무조건 오를 거라고 생각하면 안 된다. 반드시 전문가와 함께 확실한 매도 계획을 세우고 계약을 진행한다면 성공적인 투자를 할 수 있다.

주식보다 안정적인 건물 투자
56억 원에 매입해 120억 원 건물로

첫 부동산 투자인 만큼 리모델링을 원했던 K씨에게 신축공사를 강하게 권했다. 현재 면적으로 증·개축하는 것보다 신축하면 시세차익은 물론(레버리지를 활용해 최대 대출을 받는다면) 연간 6.19% 수익률을 올릴 수 있을 것으로 예상했다. 처음 자금계획표에서는 보증금 2억 원에 관리비 100만 원 포함 월 임대료 총 2,300만 원이었다. 신축 후에는 보증금 3억 원에 월 임대료 3,400만 원을 맞출 수 있었다.

> 나이도 들어가니 이제는 장기적으로
> 품이 덜 들고 안정적인 투자를 하고 싶어요

K씨는 주식에 큰돈을 투자했으나 최근 주식시장과 가상자산 시장의 하락세, 또 코로나19와 경제 불황이 맞물려 수익이 좋지 않았다. 무엇보다 나이가 들면서 정상적인 라이프사이클을 위해서라도 투자 방식을 바꿔야겠다는 생각으로 우리를 찾아왔다.

K씨는 부동산과 주식투자로 모은 25억 원의 자금이 있었고, 꼬마빌딩 가치투자에 대한 이해도와 관심도가 높았다.

우리가 소개한 건물은 역삼역 대로변 이면 코너에 위치한 건물로 대지 면적 80.6평에, 연면적 149.2평으로 계약 당시 평당단가 6,947만 원이었다. 코너 건물이어서 주변 시세보다 약간 비쌌지만, 입지뿐 아니라 가시성과 접근성이 좋아서 분명 더 많이 오를 것이 확실해 보였다.

건물이 위치한 곳은 역삼세무서사거리였다. 이 인근에는 크고 작은 업무 시설 사옥 및 사무실 수요가 많다. 테헤란로의 임대료가 오르자 상대적으로 저렴한 역삼동 지역으로 넘어오면서 사무실 수요가 늘어났다. 자연스럽게 새 건물이 들어서기 시작했고 저

코너 건물은 도로를 양쪽으로 끼고 있어 건물이 더 커 보이는 효과가 있다.

렴한 임대료와 편리한 교통으로 더 많은 회사들이 옮겨 왔다.

최근에는 르네상스 호텔이 센터필드로 재건축을 진행하여 역삼동 전체 상권 자체가 더 활발하고 고급스러운 분위기로 바뀌어 가고 있다. 원래 유동 인구가 많은 지역이었는데 IT 기업이나 대형 기업들이 들어오면서 더 활발한 상권이 형성되고 있다.

One Point Lesson

부동산 가치는 인구 이동에 따라 움직인다

인구 이동으로 수요가 생기면서 역삼동 대로변으로 병원, 카페, 음식점이 들어선 상가와 오피스, 안쪽으로는 주택이나 빌라들이 자리 잡은 혼합된 상권이 형성되어 있었다.

최근에는 주택이나 빌라들도 근린생활시설로 용도 변경을 하면서 변화가 일어나고 있다. 우리가 추천한 건물 인근에는 점심시간이나 퇴근 시간 이후 직장인들이 많이 찾는 먹자상권이 잘 형성되어 있었다.

K씨는 주식투자를 운용한 경험으로 정보 습득력이 빨랐다. 우리는 자기자본금과 입지, 코너 건물이라는 이점으로 리모델링이 아닌 신축을 적극 제안했다. 우리가 브리핑한 내용과 자금계획표 등을 모두 꼼꼼하게 확인한 후 K씨는 빠르게 매입을 결정했다.

매입 당시 평당단가가 6,947만 원이었는데 현재 해당 건물 주변의 상가주택이 평당 1억 원으로 땅값이 계속 상승하고 있다. 타이밍을 잘 맞춰서 매수한 것이다. 이런 입지의 코너 건물은 매입만 잘해도 수익이 배가된다.

K씨가 56억 원에 매입한 건물은 지하 1층~지상 5층에 연면적은 207평으로 신축한 후 120억 원에 매도했다. 2년 사이 40억 원의 시세차익을 실현한 것이다. K씨는 현재 우리와 함께 강남권에서 또 다른 건물을 신축하고 있다.

테라스와 주차 공간이 살린 2배의 가치

시간은 돈이다. 빠른 진행을 위해 해당 상가주택의 임차인 명도를 협의했고, 본격적인 계약을 진행하여 2021년 4월에 잔금을 마무리하고 철거 및 시공을 거쳐 고급 사무실 건물로 신축공사에 들어갔다.

이 건물의 대지 면적은 80.6평인데 200평 넘는 옆 건물과 비슷한 크기로 보이도록 설계했다. 코너 건물인 데다 노출 콘크리트와 아노다이징 기법으로 외관을 웅장하게 구성하기도 했지만 무엇보다 전면을 길게 구성했다.

창을 넓고 크게 만들어 건물 전체에 개방감을 주고 내부에 햇살이 충분히 들어오게 했다. 건물의 층고가 높다 보니 옥상에서 시야가 막히지 않고 사방이 시원하게 탁 트여 있다. 특히 층마다 테라스를 내고 전면을 통유리로 구성했다.

사용 면적이 가장 넓은 것은 2~3층이다. 특히 2층이 다른 층에

지하 공간의 채광과 환기를 위한 선큰

비해 확실히 넓다. 주거 지역은 일조권 사선 제한 때문에 위층으로 올라갈수록 조금씩 면적이 줄어들 수밖에 없다. 감소하는 면적을 테라스로 활용하면서 서비스 면적을 확보했다.

철제 난간은 비나 눈 등으로 녹슬 수 있기 때문에 유리 난간으로 넓어 보이는 효과를 주면서 세련되고 고급스러운 분위기를 더했다. 이런 작은 차이들이 건물의 전체 이미지에 많은 영향을 준다.

4층은 테라스를 양쪽에 배치해서 일하기 좋은 사무 공간으로 만들고, 5층은 층고가 가장 높아 CEO의 사무실로 사용하기에 적합하다. 당연히 남녀 분리된 화장실도 필수이다.

통임대차를 할 경우에는 무조건 주차가 편리해야 한다. 1층 전면을 주차장으로 만들고 건물 옆쪽도 추가로 만들어서 총 5대를 주차할 수 있는 공간을 확보했다.

특히 지하는 층고도 높고 공간도 넓어서 회의실로 사용할 수 있다. 지하 공간은 밝은 분위기를 위해 3개의 선큰(sunken, '움푹 들어간, 가라앉은'이라는 뜻으로 자연광을 유도하기 위해 대지를 파내고 조성한 곳이다)으로 구성했다. 선큰 덕분에 지하도 환하고 환기가 잘된다.

창문을 넓히고 자재와 건물의 전체적인 색 톤을 맞추는 등 설계와 공정 회의의 모든 과정에 우리 중개법인이 직접 참여해 의견을 냈고, 건축사가 잘 반영해준 덕분에 멋진 건물이 탄생했다.

해당 건물이 준공 완료될 경우 보증금 2억 원에 관리비 100만 원 포함 월 임대료 2,300만 원 정도 받을 수 있을 것으로 예상했

역삼동 56억 원 매입　　　신축공사 18억 원　　　재매각 120억 원

다. 한 달 이자를 제외하면 월 임대수익이 1,300만 원 정도인데 매입 시 예상한 수익률은 꽤 높은 6.19%였다. 고급 공사와 마무리 인테리어를 통해 실제로는 보증금 3억 원에 월 임대료 3,400만 원으로 매입 당시 예상보다 훨씬 높은 금액으로 임대차를 맞췄다.

부자에서 슈퍼 부자로, 자산 퀀텀 점프

지역, 입지, 상권의 3박자

강남구청역 초역세권에 위치한 매매가 136억 5천만 원짜리 건물로 대지 면적은 113.68평이며 전면 도로도 12m나 되는 넓은 노후 주택은 매입만으로 수익이 배가된다. 매입 당시 평당단가는 1억 2천만 원이었는데, 현재 주변 시세는 평당 1억 7천만~2억 원대이다. 지금 당장 재매각한다고 해도 수억 원대의 시세차익을 얻을 수 있다.

▌기존 건물을 팔고
▌멋진 건물에 재투자하고 싶어요

매수인 L씨는 자신이 부동산에 투자하는 궁극적인 목적이 무엇인지 명확히 알고 있었다. 그는 강남에서 한 번의 꼬마빌딩 투자 경험이 있었다. 그는 시세차익으로 얻은 자금을 재투자하고 싶었다. 시세차익과 직접 사용하는 것을 목적으로 청담동 근린생활시설 신축을 생각하고 있었다.

그가 가장 중요하게 생각한 것은 첫 번째도, 두 번째도 입지였다. 우리는 강남구청역에 주목했다. 강남 지역 부동산에 관심 있는 사람이라면 강남구청역이 7호선과 수인분당선이 교차하는 이중 역세권이라는 것을 잘 안다. 특히 청담동은 강남구 중에서도 상업과 업무가 활발하여 소위 '부촌 지역'으로 소문나 있다.

임차 수요도 많아서 제대로 짓기만 하면 높은 임대차뿐 아니라 시세차익까지 확실한 곳이 청담동이다. 청담동은 명품 거리, 명품 학군, 대형 연예인 기획사, 웨딩 계열사들도 많이 위치해 상업과 업무가 활발한 지역이다.

강남구청역 부근에 매입한 경사면 건물

L씨가 매입한 건물은 경사가 조금 있어서 신축공사를 했을 때 유리한 점이 있다. 도로의 높낮이 차이로 겉으로는 1층으로 보이지만 서류상으로는 지하층이다. 지하층은 용적률에서 제외되니 건물을 더 높이 지을 수 있다. 이러한 이점을 활용하여 지하 1층이 지상 1층처럼 보이도록 만들어 1층과 동일한 임대료를 받을 것으로 기대했다.

평소 물건 보는 눈이 남달랐던 L씨는 우리의 설명을 듣자마자 어

One Point Lesson

경사면의 재발견, 한 층이 더 생기는 효과

경사도를 이용한 건축의 경우, 지하 1층이 지상 1층과 같은 효과를 낼 수 있는데, 일반주거지역에서 활용도가 높다. 특히 제1종 일반주거지역은 용적률이 150% 이하인데, 지하 2층을 파서 지하 2층이 지하 1층으로, 지하 1층이 지상 1층처럼 보이게 한다. 또한 층고를 높게 하여 더 큰 건축물로 보일 수 있다. 지하층은 용적률 산정에서 제외된다. 다만 경사면이 있다고 무조건 해당하는 것은 아니기 때문에 설계 전 반드시 건축사 등 전문가의 조언을 듣고 진행하는 것이 중요하다.

느 건물인지 바로 알아봤고 금세 매입 의사를 밝혔다. 강남구청역까지 도보 3분 거리로 접근성도 좋고 도로 폭도 넓은 데다 지하 공간을 활용할 수 있다는 이점 덕분이었다.

고수익을 위한 고급 임대차

우리는 해당 건물을 지하 2층에서 지상 4층으로 구상했는데, 계약하기 전에 해결해야 하는 부분이 있었다. 청담동은 2020년 6월에 토지거래 허가구역으로 지정되었다. L씨가 해당 지역의 토지를 매수할 경우 주택은 2년 실거주, 상가는 4년 동안 직접 상업용으로 운영해야 했다. 따라서 계약하기 전에 관할 지자체에 관련 서류를 제출하고 매수자가 일부 층을 사용할 계획으로 허가받았다.

우리는 해당 건물을 근린생활시설로 신축하고 일부 층은 건물주가 직접 사용하고 나머지는 임대할 계획으로 진행했다. 이 부분까지만 해도 매도인과 원만하게 협의가 잘되었다. 하지만 매도인과 멸실에 대해 협의하는 과정에서 문제가 생겼다. 매도인에게 여러 명의 자녀가 있어 자칫 분쟁의 우려가 있었던 것이다.

우리는 매도인의 자녀들과 각각 연락해서 멸실에 대한 문제를 해결했다. 오랜 협의 끝에 당사자 전원을 설득해서 멸실을 진행하고 2022년 7월 잔금을 완료했다.

현재 신축공사를 한창 진행하고 있으며 해당 건물 블록에 웨딩

업체와 엔터테인먼트 업체들이 많아 완공 후에는 빠른 시일 내에 임대차를 맞출 수 있을 것으로 예상된다.

토지거래 허가구역 등의 이슈를 반드시 확인한다

토지거래 허가구역이란 토지의 투기적인 거래가 성행하거나 성행할 우려가 있는 지역 및 지가가 급격히 상승하거나 상승할 우려가 있는 지역에 대한 땅 투기를 방지하기 위해 설정하는 구역으로, 1979년 처음 도입되어 해마다 지정하고 최대 5년까지 구역을 지정할 수 있다.

토지거래 허가를 받기 위해 허가를 요하는 면적은 주거지역은 60m² 초과, 상업지역은 150m² 초과, 공업지역은 150m² 초과, 녹지지역은 20m² 초과, 용도 미지정 지역은 60m² 초과이다.

*국토교통부장관 또는 시·도지사가 허가구역을 지정할 당시 해당 지역에서의 거래 실태 등을 고려하여 해당 기준 면적의 10퍼센트 이상 300퍼센트 이하의 범위에서 따로 정하여 공고할 수 있음.

*각 지역별 허가를 요하는 면적이 다름.

토지 이용 의무 기간은 목적별로 농업용 2년, 임업용 3년(생산물이 없는 경우는 5년), 주거용 2년, 개발용(사업용) 4년, 기타(현상보존 등) 5년이다.

허가 또는 변경 허가를 받지 않고 계약을 체결하거나 사위 또는 부정한 방법으로 허가를 받아온 자는 2년 이하 징역 또는 계약 체결 당시의 당해 토지 가격의 100분의 30에 상당하는 금액(개별공시지가) 이하의 벌금에 처할 수 있다.

토지거래계약허가를 받아 취득한 토지를 허가받은 목적대로 이용하지 아니한 자는 3월의 이행 기간을 부여하고 취득가액(신고된 실거래가)의 10% 범위 내에서 매년 이용 의무 기간 종료 시까지 이행강제금이 부과된다.

전략적 기다림으로 찾은 건물
부동산 투자에서 충분한 시간은 필수

건물 매매 협의까지 1년, 한 사람의 인생 건물을 찾는 데 정말 오랜 시간 공을 들였다. 그런 만큼 매도자와 매수자 모두 만족하며 계약을 진행했고, 그 덕분에 직원들 사이에서 내 별명은 '협의의 귀재'가 되었다.

일단 사두면 알아서
돈을 굴려주는 건물 없을까요?

P씨는 업무차 해외를 오가느라 시간 여유가 많지 않은 분이었다. 첫 미팅에서 "맡겨만 두면 알아서 돈을 굴려주는 건물 없느냐"고 말할 정도로 투자금을 믿고 맡길 책임감 있는 전문가를 원했다.

그런 P씨에게 소개한 건물은 역삼초등학교사거리 인근의 매매가 40억 원짜리 건물이었다.

그 당시 강남에 40억 원대의 물건은 정말 귀했다. 그만큼 정말 많은 부동산 관계자와 매수자들이 관심을 가지고 있던 건물이었다. 하지만 어찌 된 영문인지 '매도인과 협의가 원활하지 못하다'는 이유로 그 누구도 진행하지 못하고 있었다.

이러한 사실을 소문으로 알고 있었기에 '까다롭다는 매도인'을 만나는 데 한껏 조심스러울 수밖에 없었다. 하지만 매도인을 직접 만나보니 용도 변경이나 멸실의 과정을 부담스러워하고 있었다. 이런 부분 때문에 좋은 조건에도 계약이 진행되지 않은 것이 안타까웠다.

나는 주기적으로 매도인을 찾아가 법적으로나 세무적으로 문제없이 매각할 수 있도록 자료와 각종 증빙서류들을 계속 보여주었다. 용도 변경과 멸실 과정까지 이해할 수 있도록 시간을 들여서 꼼꼼히 설명했고, 다행히 P씨도 우리를 믿고 계속 기다려주었다.

매도인을 설득한 지 어느덧 1년을 채워가던 어느 날 마침내 협의가 이루어졌다. 진실함과 간절함이 마음을 움직였던 것 같다.

15억 원으로 고급 공사에 고급 임대차까지

잔금을 치르기 전에 용도 변경을 하는 조건으로 계약을 진행했고, 잔금을 치른 후 곧장 멸실하고 공사를 시작했다. 총 15억 원의 공사비로 지하 1층~지상 5층으로 설계했다.

용적률과 위치 때문에 리모델링에서 신축으로 변경한 사례

처음에는 해당 건물을 전체 리모델링으로 진행하려고 했다. 하지만 수익률 면에서 신축이 유리하다고 판단되었다. 근린생활시설로 리모델링하기에는 너무나 독특한 계단실과 층고의 한계 때문이었다.

이 건물을 기점으로 오른쪽에는 강남대로가 있어서 교통이 편리하며 접근성이 좋고 강남역 4번 출구를 도보로 이용할 수 있다. 건물 뒤쪽으로는 테헤란로가 있어서 접근성이 다양한 위치다. 특히 주변으로는 업무 시설들이 많고 오피스 상권이 형성되어 카페나 음식점이 활발히 영업 중이다.

지금도 해당 건물 주변에는 신축 현장이 많은데, 그만큼 사옥 수요가 많다는 증거이다. 매수자 P씨는 이번에도 나를 믿고 신축

역삼동 40억 원 매입　　　신축공사 15억 원　　　현재 시세 80억 원

을 빠르게 결정해주었다.

　P씨는 투자금 15억 원으로 40억 원짜리 건물을 매입했다. 대지 면적 56평으로 당시 평당단가는 7,100만 원이었다. 주변 시세는 평당 7천만 원이었으니 결코 저렴한 금액은 아니었다.

　하지만 건물이 완료되면 평당 시세가 지금보다 훨씬 더 올라갈 것으로 예상했다. 시세차익을 볼 수 있는 지역이라고 확신했기에 적극적으로 권했다. 이 건물은 원래 보증금 1억 원에 월 임대료 1,800만 원을 예상했지만, 준공 후 보증금 2억 원에 2,500만 원의 통사옥으로 임대를 놓았다.

　실제로 현재 시세(2022년 하반기 기준)는 평당 9천만~1억 원대이다. 이처럼 신축공사는 기간이 오래 걸리기는 하지만 가장 큰 시세차익을 볼 수 있다. '기다리는 자에게 복이 있다'는 말이 절로 떠오르는 사례이다.

신축

신축을 진행하기는 쉽지 않지만 자산 가치를 확실하게 높이고 시세차익이 가장 크다는 점에서 분명 매력적이다.

01 | 자기자본금이 15억 원 이상은 되어야 한다.

대출을 받는다 하더라도 본인이 투자할 수 있는 자본금이 최소 15억 원 이상은 되어야 신축공사를 진행할 수 있다. 리모델링이나 위탁운영에 비해 신축은 멸실이나 준공 과정에서 추가 비용이 들어갈 수 있으니 여유 자금이 필요하다. 지하층을 새롭게 구성하는 경우 지상층보다 비용이 더 많이 든다는 점도 고려해야 한다.

02 | 절대 서두르지 않는다.

신축은 공사 기간이 최소 10~12개월 정도이다. 대수선 리모델링이 6~8개월이니 2배의 시간이 더 투입된다. 그만큼 기다림의 시간이 필요하다. 특히 지하층을 만드는 경우 땅을 파는 과정에서 예상치 못한 돌이 나오면 그것을 제거하는 데도 적지 않은 시간이 소요된다.

03 | 법을 꼼꼼히 파고들어라.

신축은 시도 조례는 물론 건축법, 도로법도 꼼꼼히 파악하고 진행해야 시간과 비용의 낭비를 줄일 수 있다. 그리고 용적률로 이점을 볼 수 있으니 꼼꼼히 조사해야 한다. 이 모든 것을 건축주 혼자 공부하면서 진행하는 것은 무리이므로 전문가를 적극적으로 활용하는 것이 중요하다.

4

적은 투자로 남부럽지 않은
임대수익 리모델링

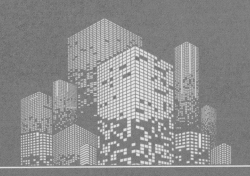

일부 빌딩 투자자들은

수익성이 높은 건물을 보유하고 있음에도,

건물 관리가 미흡해 되레 마이너스 수익률을 기록하곤 한다.

이때 대수선 리모델링을 거친다면

임대수익과 시세차익이라는 두 마리 토끼를 모두 잡을 수 있다.

대수선 리모델링의 가장 큰 목적은

빠른 시일 내에 건물 가치를 최대한 끌어올리는 것이다.

상승한 건물 가치만큼 임대료를 올릴 수 있어서 수익성이 이전보다 훨씬 극대화된다.

엘리베이터 없는 건물의 환골탈태

7억 원이 54억 원의 가치를 만들다

의류 사업을 하는 40대 주부이자 여성 사업가는 79평짜리 노후된 건물을 64억 원에 매입해 1년 1개월 만에 118억 원에 매각했다. 엘리베이터를 설치하는 등 대수선 리모델링을 거쳐 1년 만에 54억 원의 시세차익을 올려 최단기간에 성공한 사례이다.

▌아파트를 판 돈으로
▌강남에 건물을 사고 싶어요

적절한 믹스매치 옷차림에 소품과 작은 액세서리까지 남다른 패션 감각이 돋보이던 A씨는 예상대로 패션업계 종사자였다. 의류 사업을 하고 있다는 그녀는 아파트를 매각한 19억 원으로 하루라도 빨리 강남의 건물을 매입하고 싶다고 했다.

그야말로 시세차익을 위한 투자였는데, 우리 입장에서는 오히려 솔직한 성향이 편하다. 입지도 강남으로 명확하게 정해져 있으니 일을 빨리 진행할 수 있다.

우리가 찾은 건물은 역삼역과 언주역을 동시에 이용할 수 있는 더블 역세권에 자리 잡고 있었다. 대로변에서도 바로 보이는 위치에 평수도 79평으로 시세차익을 올리기에 딱 적당했다. 이점만 두루 갖추고 있었는데, 내 눈에 좋아 보이면 남의 눈에도 좋아 보인다고 다른 부동산과 경쟁도 치열했고 매도인의 매각 철회도 잦았던 건물이다.

그 당시에는 골목 안에 있는 건물들도 부르는 게 값이어서 A씨가 가지고 있는 금액대로는 대로변에 있는 좋은 건물을 살 수 없는 상황이었다. A씨는 해당 건물을 보고 너무 흡족해하며 당장 계약을 진행하고 싶어 했다.

취득세에 발목 잡히지 마라

하지만 A씨가 이 건물을 매입하는 데는 한 가지 이슈가 있었다. 법인 명의로 계약하는 것이었다. 이런 경우 해당 건물을 근린생활시설로 용도 변경하고 매입하는 것이 유리하다. 2020년 8월 12일 이후에 취득한 주택에 대해서는 취득세 중과가 되기 때문이다.

다주택자는 최고세율이 매매가의 최대 13.4%이지만, 잔금을 치르기 전 지급일 기준으로 근린생활시설로 용도 변경 후 법인 명의로 계약하면 주택이 아닌 건물과 토지를 취득하게 되어 4.6% 만 내면 된다. 하지만 매도인이 용도 변경을 완강하게 거부했다.

그럼에도 불구하고 우리는 A씨에게 지금 이 건물을 사야 하는 이유를 설명했다. 해당 입지의 이점과 감정가가 정말 좋고, 특히 주택에 해당하는 2개 층만 취득세 중과가 된다고 설득했다.

그 당시에는 꼬마빌딩의 인기가 절정이어서, 대출을 문의하는 동안 다른 사람이 계약해버리는 사례도 빈번했다. 아무리 꼬마빌 딩이라지만 금액대가 커서 개인이 대출을 알아보는 것 자체가 쉽지 않다. 대출을 알아보는 사이에 기회를 놓치는 사람들이 많았다. 우리는 건물을 중개하는 것에서 끝나는 것이 아니라 명도와 대출을 비롯해 모든 자금 상황을 꼼꼼히 알아보고 점검한다.

A씨는 차분히 내 얘기를 듣더니 짧게 고민하고 바로 진행 의사를 밝혔다. 해당 건물의 적당한 평당단가와 위치를 보고 주택 그대로 취득세 중과 비용을 부담하기로 하고 매입을 결정했다.

해당 건물을 64억 원에 매입하고 기존에 없는 엘리베이터를 설치하는 등 대수선 리모델링을 거쳤다. 그리고 1년 1개월 만인 2022년 거의 2배에 달하는 118억 원에 매각했다. 13개월 만에 54억 원(세전)이라는 시세차익을 실현한 셈이다. 그야말로 완벽한 홈런이었다.

건물 투자는 속도와 타이밍이다

A씨는 매각 후 바로 청담동에 있는 두 번째 건물을 매입했고, 지금 우리와 함께 신축을 진행하고 있다. 현재 철거 공사가 한창 진행 중에 있다. 그녀의 빠른 판단과 결정으로 최단기간에 시세차익을 얻을 수 있었다. 그야말로 속도가 성공을 결정한 사례이다.

A씨가 매수한 해당 건물의 매매금액은 64억 원으로 엘리베이터를 설치하고 전체적인 대수선 리모델링 공사비용은 10억 원이었다. 건물 담보대출 51억 2천만 원과 공사시설 대출 7억 원으로 취·등록세, 중개보수 등 각종 비용을 포함한 실투자금 19억 4천만 원으로 역삼동 건물주가 된 것이다.

64억 원 매입　　　　리모델링 공사 10억 원　　　　재매각 118억 원

매입 당시 자금계획표에 따르면 예상 월 임대료 2,500만 원이고 대출이자 1,600만 원을 제외하면 월 수익금이 861만 원 정도이다. 이를 연수익률로 계산하면 5.31%이다.

One Point Lesson

다주택자나 법인이 주택을 매입할 경우 용도 변경을 잘 살펴보자

다주택자와 법인이 주택 건물을 매입할 때는 취득세 중과와 대출 규제가 있다. 하지만 용도 변경이나 멸실을 협의해서 취득한다면 대출도 가능하고 취득세도 토지근린생활로 4.6%가 적용된다.

2022년 12월 20일 이후 멸실에 대해서 새로운 예규가 나왔다. 2022년 12월 20일 이후부터 매매 계약을 체결할 때 계약 당시 주택이었으나 잔금일 전에 주택을 '멸실한' 경우에도 매도인은 1주택 비과세와 장기보유 특별공제가 적용되지 않는다.

장기투자에는 땅의 가치를 눈여겨봐라
임대수익보다 지가 상승 요인에 초점을 맞춰라

저평가된 낡은 건물이지만 강남구 신사동이라는 중심 상권에 있기에 부동산 가치를 높이면 시세차익을 얻을 수 있다고 확신했다. 당시 주변 건물들은 이미 근린생활시설로 변경되어 있었던 데다 건물 바로 앞에는 통카페, 맞은편에는 사옥들이 많았다. 또한 양쪽 도로를 끼고 있어 건물이 더 커 보이는 효과가 있는 코너 건물은 매입만 잘해도 수익이 배가된다.

임대수익보다 사두면 무조건 오르는
지역에 적당한 건물 없나요?

강남구 신사동에 있는 건물들은 정말 눈을 크게 뜨고 봐야 한다. 신사동은 강남의 지가를 이끌어가는 핵심 지역 중 하나로 대한민국의 노른자위다. 더구나 최근 신분당선이 연장되고 위례신사선이 개통될 예정이어서 집값은 계속 상승할 것이다. 토지거래허가구역인 청담동과 달리 의무 사용 기간이나 사용 목적에 대한 제한이 아직 없어서 거래가 조금 더 활발하게 이뤄지고 있다.

특히 압구정은 성형외과를 비롯한 병원들이 즐비하고, 안쪽으로 오피스텔이나 카페, 맛집들이 있어 직장인들과 다양한 연령층의 유동 인구가 많은 지역이다.

M씨에게 소개한 건물은 압구정역 3번 출구와 을지병원사거리 중간에 있는데, 압구정역까지 도보 5분 거리에 있는 그야말로 초역세권이다. 게다가 대로변 이면의 코너 건물로 도로를 양쪽으로 끼고 있어서 건물이 더 커 보이는 효과가 있다.

낡아서 저평가된 건물이지만 중심 상권에 있어서 부동산 가치를 높이는 작업을 하면 충분히 시세차익을 얻을 수 있었다. 앞에

코너 건물은 도로를 양쪽으로 끼고 있어서 건물이 더 커 보이는 효과가 있다.

서도 강조했듯이 코너 건물은 매입만 잘해도 수익이 배가된다. 우리는 해당 건물이 앞으로 발전 가능성이 클 것으로 판단해 매수자에게 강하게 설명했다.

중심 상권의 저평가된 건물

매입 계약을 하고 나서 평당단가가 오르는 것만큼 기쁜 소식이 또 있을까? 해당 건물을 소개할 때만 해도 대지 면적이 58평, 매매가는 73억 원이었다. 계약 당시 평당단가는 1억 2천만 원대로 형성되어 있었다. 주변 시세보다 훨씬 저렴한 편이었는데, 잔금이 완료된 시기(2022년 6월)에 주변 거래가 더욱 활발해지더니 시세가 평당 1억 6천만 원대까지 올라갔다.

해당 건물의 리모델링이 완료되는 시점에는 110억 원 이상에 매각할 수 있을 것으로 예상된다. 앞으로의 모습이 더욱 기대되는 꼬마빌딩 투자 사례이다.

해당 건물의 용적률이 좀 남아 있어서 신축을 생각했지만, 당시 매수자의 자금 상황과 계획상 대수선 리모델링으로 진행했다. 이 건물을 멸실하고 리모델링으로 진행했을 경우 취·등록세와 등기 비용, 신축공사 비용까지 레버리지를 최대한 활용해서 현금 26억 4천만 원으로 가능했다. 대수선 리모델링을 진행했을 때 임대수익률이 그리 높지 않아서 시세차익이라는 땅의 가치만 보고 투자한 사례로 참고할 만하다.

자기자본 10억 원으로 서울 건물주 되기

20대 예비 부부의 인생 투자

요즘 시대에 평생직장이라는 말은 찾아볼 수 없다. 대기업 회사원에게도 예외는 아니다. 평생 직장 생활을 할 수 없으니 인생 플랜B를 계획하고 여유 있는 노후를 누리고 싶은 꿈을 20대에 이룬 사례가 있다.

조기 은퇴를 꿈꾸는 파이어족이에요
지금부터 시작할 수 있는 건물 투자 없을까요?

월요일 저녁 8시, 직원들은 모두 퇴근하고 우리는 상담을 요청한 고객을 기다리고 있었다. 중개법인의 삶은 주말이나 저녁 이후가 더욱 바쁘다. 주말이나 퇴근 이후에 상담을 요청하는 직장인들이 많기 때문이다. 특히 월요일 저녁은 주말에 임장('현장에 임한다'는 뜻으로 관심 있는 부동산을 직접 보고 시세 파악 등을 하는 활동)을 다녀오거나 부동산 강의를 듣고 온 고객들이 정보 취합 차원에서 상담을 요청하는 경우가 많다.

우리 회사의 문을 힘차게 열고 들어온 사람들은 20대 후반, 많아봐야 30대 초반의 연인이었다. 1989년생 L씨와 1991년생 O씨는 직장 동료인데 결혼을 앞두고 공동명의로 공동투자를 통해 건물을 매입하고자 했다. 실투자금은 10억 원으로 최근 주식 거래를 통해 자본을 증식한 사례였다.

"현재 저희는 안정적인 회사에 다니고 있지만, 솔직히 여기가 평생직장이라고 생각하지 않아요. 그래서 부동산으로 인생 플랜 B를 세우려고요. 저희는 현금흐름 1천만 원 시스템을 만들고 빨리 조기 은퇴하고 싶은 파이어족입니다."

이들은 누구나 다 알 만한 대기업에 다니고 있었다. 하지만 결혼과 출산 이후 직장에서 뒤처지는 것에 불안함을 느껴 부동산 공부를 시작했다고 한다. 부동산 시장에 뛰어들겠다고 결심하면서 6개월 전부터 성공적인 투자를 위해 '임장 스터디'도 열심히 했다.

그들의 이야기를 들으면서 우리 부부의 20대가 생각났다. 물려받은 재산이 없는 평범한 월급쟁이, 누구보다 자기 일을 사랑하고 열심히 하는 사람들, 새벽에 출근해서 늦은 밤과 주말은 물론 명절에도 일하는 사람들, 하지만 근로소득만으로는 경제적 자유를 누리기 어렵다는 것을 절감한 사람들.

이들은 단순히 정보를 얻으러 돌아다니는 사람들과 달리 좋은 물건이 나오면 바로 계약할 의지가 있었다. 하지만 현금 10억 원을 가지고 어느 동네에 어떤 물건을 매입해야 할지, 또 그 이후 어떻게 관리하고 매각해야 할지 고민이 많았다.

그들은 어느 지역에 있는 물건을 어떻게 매입해야 할지는 몰라도 미래를 위해 부동산 하락장인 지금, 가격이 가장 쌀 때 매수해야 한다고 판단했다. 지금 충분히 하락했기에 손해보다 반등할 것이라고 말이다.

지상 2층 건물을 3층으로

우리는 마포구 망원동을 자신 있게 추천했다. 현재 망원동은 일부 지역이 재개발구역으로 지정되어 있다. 일명 '모아주택지구'라고 불린다. 내가 그들에게 추천한 매물은 재개발구역이 아니어서 신축하거나 리모델링을 진행해도 손해 볼 일이 없었다.

서울시 마포구 망원동에 있는 주거용 노후 주택은 대지 면적 82㎡(24.8평), 연면적 147.07㎡(44.5평), 지하 1층~지상 2층의 총 3개 층으로 구성된 협소주택(바닥 면적이 아주 좁은 단독주택)이었다. 평당 단가도 6,451만 원으로 16억 원대에 매입할 수 있었다.

건축사에게 확인한 결과 해당 건물에 1개 층을 더 증축할 수 있었다. 운이 좋게도 건축법에 따라 용적률을 꽉 채운 건물이 아니었다.

공동투자로 망원동의 노후된 건물을 매입한 이들은 리모델링해서 임대료를 올려 받을 계획이다. 매각 시기는 1년 6개월에서 2년 후로 예정했지만, 상황이 여의치 않을 때 장기 투자를 하기로 했다.

예비 부부가 공동투자한 망원동 주택

매매가 16억 원에서 담보대출 80%, 리모델링 대출 70%, 투자금이 10억 원 정도 투입되었다. 몇 년 전만 해도 리모델링 대출은 저렴했기에 자금계획표에 넣지 않았지만 요즘은 금리가 높아져서 리모델링 대출금리도 포함한다. 현재 이 건물은 증축하여 리모델링을 진행하고 있다.

소액 투자자의 출구 전략

대지 면적 24.8평짜리 건물은 증축해서 연면적 56.7평(187.48㎡)으로 리모델링 공사가 끝나면 임대료 600만 원 정도에 사무실로 통임차를 낼 예정이다.

우리가 임대수익도 제대로 발생하지 않는 낡은 주택을 추천한 이유는 뭘까? 건물이 오래될수록 건물주가 원하는 업종에 임대하기가 어렵고 임대수익도 그만큼 낮아진다. 이전 건물주는 오랫동안 2층에 거주하면서 1층과 지하층을 임대 놓고 있었다. 대출 없이 100만 원 정도 월세를 받는 것도 나쁘지 않은 선택이다.

시세차익을 목적으로 건물 매입 후 리모델링을 하면 임대료를 더 많이 받을 수 있고 재매각했을 때 수익률 3%대로 맞출 수 있다.

빌딩 투자를 할 때는 높은 수익률 못지않게 어떠한 목적으로 접근하는지가 중요하다. 소액 투자에서도 시세차익이 목적이라면 출구 전략이 중요한데 입지 선정과 밸류업, 매각까지 가능한 지역인지, 수요가 충분한 지역인지 검토하고 투자해야 한다. 마포 지역은 임차 수요와 매매 거래가 많은 지역으로 소액 투자자들이 눈여겨볼 만하다.

다시 한 번 강조하지만 경제적 자유를 얻기 위해 꾸준히 자본소득을 창출하려면 제대로 된 건물의 주인이 돼야 한다. 마포에서 시작한 꼬마빌딩이 경제적 자유로 가는 디딤돌 역할을 할 것이다.

건물을 매입하기 전에 밸류업 방식까지 정하고, 건물 가치와 예상 임대수익률을 철저하게 분석하자. 입지를 꼼꼼히 따져보고 매수, 보유, 매도 단계마다 절세 전략을 미리 세워야 임대수익과 시세차익 두 마리 토끼를 잡을 수 있다.

잔금 기간을 4~5개월로 넉넉하게 잡은 뒤(2023년 1월) 잔금을 치르기 전에 1~2층을 근린생활시설로 용도 변경한 후 매입하는 조건으로 계약서를 썼다.

주택이 아닌 근린생활시설 건물 또는 토지를 매입하면 대출 한도를 늘릴 수 있다. 매매가 16억 원 외에도 취득세(4.6%), 등기비용(0.2%), 중개보수(0.9%) 등 기타 제반 비용에 리모델링 비용 4억 원가량이 추가되었지만 자기자본금 10억 원 선에서 가능한 건물이었다.

One Point Lesson

관련 법과 대출금리는 수시로 확인한다

1. 2022년 10월 21일 이후 기점으로 용도 변경을 한 후에 리모델링을 하기가 어려울 수 있다. 이전에는 주택을 매입하고 용도 변경을 하여 매도인은 주택을 매각하는 걸로 하고 매수인은 주택이 아닌 근린생활시설로 취득세를 내고 공사를 진행할 수 있었다. 하지만 2022년 10월 21일 이후 진행되는 계약 건은 매도인이 주택으로 매각하는 것이 인정되지 않는다. 매도인이 근린생활시설로 매각하면 양도세를 많이 내야 하므로 용도 변경이 어려울 것이다.

2. 매각할 때까지 자금 관리가 성공의 핵심이다. 우리는 계약하기 전에 반드시 자금계획표를 매수자에게 전달한다. 과거 대수선 리모델링 공사를 진행할 때는 금리가 낮았기 때문에 따로 대출이자를 산출하지 않았다. 하지만 지금처럼 금리가 인상하는 시기에는 대출이자도 포함하여 안내한다. 금리 인상에 따라 공사 진행 도중에 건축 자재비가 올랐다면서 작업을 중단하고 추가 비용을 요구하는 시공사들도 있다. 공사비용은 공정별로 지급하는 것이 좋다.

대수선 리모델링

01 │ 인테리어는 최소한의 비용으로 최대의 효과를 낸다.

가장 먼저 고려해야 하는 요소는 단연 리모델링이 안겨다줄 수 있다. 적지 않은 비용을 들여 건물을 변신시켰는데, 기대와 다르다면 투자는 실패한 셈이다. 건물 매입 전에 매입 가격과 리모델링 비용, 예상되는 임대수익을 미리 분석해야 한다. 재매각해서 얻는 시세차익은 리모델링 비용 이상이 되어야 의미 있는 투자다.

02 │ 리모델링에 앞서 건물 상태를 꼼꼼히 파악한다.

공사를 진행하는 동안에는 건물에서 수익이 발생하지 않기 때문에 리모델링 기간도 꼼꼼하게 점검해야 한다. 또 건물 상태에 따라 공사 과정에서 변수가 발생하면 추가 비용이 들어간다. 주택은 근린생활시설로 변경하고 기존의 방을 헐어야 하는 경우가 많은데, 대수선 리모델링을 하면 구조 보강을 해야 하므로 비용이 생각보다 많이 발생한다. 계약하기 전에 건축사가 리모델링 가능 여부를 살피는 것이 중요하다. 나아가 설계도면도 반드시 확인한다. 준공 30년이 넘는 건물은 도면이 따로 없거나 있더라도 실측과 어굿나는 경우가 있다. 게다가 도면에 배관 등의 건물 구성 요소가 적혀 있지 않기도 한다. 이는 곧 공사의 정확도를 떨어뜨려 누수와 결로 문제가 발생할 수 있으므로 공사 전후에 미리 확인하는 것이 좋다. 리모델링의 경우 건축도면과 실제 상황이 맞지 않아서 추가 공사를 해야 하는 경우에는 비용이 더 들어간다.

03 | 값싼 자재는 유지 보수 비용이 더 늘어날 수 있다.

최근에는 모든 자재가 폭등해 값싼 자재를 추천하기도 쉽지 않다. 하지만 신축보다는 리모델링 공사비가 더 적게 들어가므로 튼튼하고 오래가는 자재, 주변과 잘 어울리고 하자를 최소화할 수 있는 자재를 선택하는 것이 건물의 가치를 올리고 유지하는 데 중요하다.

5

한 달 만에
수익 실현을 위한 방법

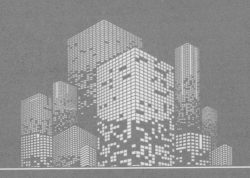

신축이나 리모델링은 건물을 매입하고 시세차익이나 임대수익을 실현하기까지
최소 1년 가까이 시간이 걸린다.

비교적 저렴하게 낡은 건물을 사서 자산 가치를 올리는 효과는 있지만
시간이 흐름에 따라 어떤 변수가 생길지 모른다는 부담이 따른다.

충분한 자금이 있고 신축이나 리모델링 과정에서 이런저런 신경을 쓰고 싶지 않다면
이미 밸류업이 완료된 건물을 매입해서 한 달 만에 수익을 실현하면 된다.

이때 중요한 것이 통임대와 포괄양도양수이다.

불가능한 건물도 눈여겨보자

자루형 토지의 단점 해결로 1년 만에 19억 원 차익

추천받았을 때 누구나 거르는 매물 중 하나가 자루형 토지다. 이러한 자루형 토지에 지상 5층짜리 건물을 50억 원에 매입해서 1년 만에 69억 원에 매각을 진행했다.

▌현금 15억 원으로 서울에 ▌장기투자할 건물 없을까요?

건물의 가치를 알아보고 보석으로 만들어 매각하는 것이 빌딩 투자의 기본이다. C씨는 현금 15억 원으로 마포구에 있는 건물을 사려고 우리를 찾아왔다. 하지만 우리는 당시 현금 15억 원이면 마포보다는 강남 지역에서 매입하는 것이 지가 상승 면에서 유리하다고 판단했다. 나는 자신 있게 잠원동 매물을 추천했다. 해당 건물은 자루형 토지였지만 시세가 저렴하고 무엇보다 입지가 좋다.

내가 투자자에게 소개한 해당 건물은 제3종 일반주거지역에 대지 면적 78평, 연면적 168평의 지상 5층 건물로 임대와 매매가 되지 않고 있었다.

- 소재지 : 서울특별시 서초구 잠원동
- 지역 : 제3종 일반주거지역
- 대지 면적 : 259.3㎡(78평)
- 연면적 : 545.71㎡(165평)
- 층수 : 지상 5층/지하 0층
- 건축 연도 : 2009년
- 도로 폭 : 6m(진입구 폭 3m)

해당 건물의 가장 큰 문제는 바로 주차였다. 주차장이 있긴 한데 너무 좁은 '자루형 토지'였던 것이다. 자루형 토지란 출입구가

자루형 토지의 예시

자루처럼 좁은 형태의 토지를 말한다. 건물로 들어가는 골목이 소형차 한 대가 간신히 주차할 수 있는 정도였다. 너무 좁아서 아무리 소형차라 해도 주차장 입구에서 주차장으로 들어갈 때 차가 긁히지 않을까 걱정될 정도였다.

자루형 토지
버려진 땅인가, 황금 땅인가?

보통 자루형 토지는 투자 가치가 별로 없다고 여긴다. 하지만 나는 자루형 토지라도 저렴하게 매입하고 앞 건물이 매각되면 지가가 같이 상승하는 효과를 얻을 수 있기에 입지만 좋다면 투자 가치가 있다고 본다. 특히 출판이나 광고 디자인 같은 문화예술 분야의 회사라면 스튜디오나 사옥으로 선호할 수 있다. 자루형 토지 자체로 광고 효과를 낼 수도 있으니 마케팅 비용이라 생각하고 임차를 하거나 투자 개념으로 1층을 전시실로 이용하는 것이다.

자루형 토지야말로 누구의 손을 거치느냐에 따라 버려지는 땅이 되기도 하고 황금 땅이 되기도 한다. 우리는 해당 건물이 여러 가지 면에서 투자 가치가 뛰어나다고 판단했는데, 그 이유는 크게 3가지였다.

첫 번째는 입지로, 논현역 도보 2분 거리인 그야말로 초역세권이었다. 두 번째는 주변 확장 가능성이었다. 주차는 할 수 없지만

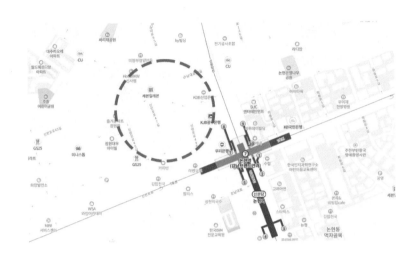

바로 앞이 큰 대로변이어서 통임대 및 사옥형 빌딩으로 투자 가치가 뛰어나다. 세 번째는 해당 건물 바로 앞에 있는 건물이 2021년 8월에 평당단가 1억 3천만 원에 거래된 것을 통해 서초구 잠원동의 평균 시세가 높다는 것을 알 수 있다. 해당 건물은 평당 6,374만 원대로 저평가된 매물이었다.

주차만 해결하면 임대차는 문제없다

꼬마빌딩을 상가와 사무실 등으로 통임대를 하려면 무조건 주차가 해결되어야 한다. 자루형 토지 건물의 최대 단점으로 꼽힌 주차 문제를 어떻게 해결할 것인가?

해당 건물 바로 앞에 페이토플라자라는 대형 빌딩이 있다. 나는 그 건물의 4층부터 9층까지 임대를 중개했었다. 대형 빌딩이라 주차 공간도 30대 이상 넉넉했다. 불현듯 '저 빌딩 주차장을 공유해서 주차 문제를 해결할 수 있지 않을까?' 하는 생각이 떠올랐다.

곧장 담당자를 연결해 한두 대만이라도 유료 주차를 할 수 있는지 물었다. 운 좋게도 네 대나 가능하다는 답변을 얻었다. 매도 매수의 최대 난관이었던 주차가 순식간에 해결되는 순간이었다. 성공하려면 문제를 해결하고 말겠다는 집요함을 가지고 다양한 각도에서 접근해야 한다.

통임대를 할 경우 2대는 건물주(임대인)가 주차비를 지불하고 2대는 임차인이 내는 것이 좋겠다고 생각했다. 이렇게 해야 임대인과 임차인 모두 부담이 없다.

건물에 들어오는 임차인은 네 대나 주차할 수 있는 데다 주차비는 절반만 내면 되니 불만 요소가 줄어든다. 건물주(임대인)는 주차장 공간이 협소한 부분을 인정하고 주차비의 절반을 부담하는 조

구분	이유
입지	논현역 도보 2분 거리에 있는 초역세권 대로변과 접근성이 뛰어나 통임대 및 사옥형 빌딩으로 적합
평당단가	평당 6,374만 원으로 평당 8천만 원인 주변 시세보다 저렴
주차시설	건물 바로 앞 대형 빌딩에서 주차 공간 대여
거래	1차 : 2020년 9월 50억 원에 매각(평당 6,374만 원) 2차 : 2021년 9월 69억 5천만 원에 매각(평당 8,910만 원)

건으로 협조하면 임차인이 충분히 들어온다. 실제로 3주 만에 임대차를 맞출 수 있었다.

나는 건물을 매입할 때 투자 가치를 가장 먼저 분석한다. 입지도 좋고 평당단가도 합리적이라면 건물의 장점과 단점을 명확히 파악한 다음 단점을 극복하는 방법을 찾아내서 투자를 진행한다.

자루형 토지, 장점이 명확하면 성공한다

C씨는 자녀들과 함께 몇 년간 영국에 살다 돌아올 계획이었다. 아파트를 팔아 마련한 현금 15억 원을 가지고 몇 년간 장기투자할 건물을 찾아달라고 했다. 하지만 현금 15억 원으로는 강남권에 투자하기에는 조금 부족했다. 다행히 자루형 토지 건물이 저평가되어 시세보다 저렴하게 나와 있었다. 서울에서도 가장 핫한 상권 중 한 곳인 강남이냐, 조금 벗어난 지역의 안전한 건물이냐를 두고 고민했던 순간이었다.

One Point Lesson

임대차를 맞추고 잔금을 치러라

매수자들이 건물을 매입할 때 가장 걱정하는 것이 건물에 공실에 생기지 않을까 하는 점이다. 입지 분석을 통해 매입하려는 건물에 어떤 임차인이 들어올 것인지 미리 파악하면 공실의 확률을 줄일 수 있다.

시세차익을 위해서라면 아무리 자루형 토지라 해도 강남 지역이 낫다고 판단했다. 해당 건물의 입지가 너무 좋으니 충분히 시세차익을 얻을 수 있을 것이라고 설명했다. 상권, 입지, 수익률, 밸류업 등에서 단점을 상쇄할 만하다는 것이었다.

C씨는 우리를 믿고 2020년 9월 자루형 토지를 평당 6,374만 원, 50억 원에 매입했고 1년 만인 2021년 9월에 19억 5천만 원의 시세차익을 남기고 매각했다. 이 건물의 경우 전체가 비어 있는 상태에서 매매를 진행했기에 일단 계약하고 임대차를 맞춘 다음 잔금을 치렀다.

우리는 매수자를 고려해 잔금 기간을 6개월로 길게 설정하여 임대차를 맞춘 뒤에 잔금을 치르는 것을 특약 사항으로 넣었다. 좋은 입지에 건물 상태가 좋으면 언제라도 통임대차를 맞출 수 있을 거라는 자신이 있었다. 우리는 3주 만에 통임대차를 맞춰 잔금을 빠르게 진행했다.

매도인과 매수인 모두 만족한 곳

매수자가 나섰으니 건물주에게 연락할 차례였다. 그런데 건물주(임대인)가 지방에 거주하고 있었다. 우리는 건물주에게 연락해서 지금 당장 건물을 매입할 매수자가 있다고 설명했다. 하지만 어찌 된 일인지 임대인은 목소리에 지친 기색이 역력했고, 계약금이 입금되지 않으면 움직이지 않겠다고 단호히 말했다.

얘기를 들어보니 건물 매매가 쉽지 않았던 데다 해당 건물의 유별난 임차인 때문에 속앓이하는 상황이었다. 건물을 팔려고 임차인을 내보내는 과정에서 임차인이 구청에 '불법 건축물'이라고 신고한 것이었다. 게다가 매매 이야기가 나올 때마다 지방에서 서울까지 몇 번이나 오가는 상황이었다. 그야말로 매도인에게는 돈과 시간과 에너지가 너무 많이 들어간 건물이었다.

문제의 임차인을 해결하고 리모델링해 멋진 건물로 만든 매도인을 보며 남다른 감각이 있다고 느꼈다. 우리는 이런 상황이 오히려 기회의 소리로 들렸다. 멋지게 밸류업한 건물을 이제 매각할 타이밍이라고.

50억 원에 자루형 토지 건물을 매도한 원래 건물주는 우리와 또 다른 건물을 진행하게 되었다. 50억 원에 건물을 매입하고 영국으로 떠난 C씨와는 중간중간 연락하며 지내다 약속대로 1년 만에 19억 5천만 원(세전)의 시세차익을 남기고 매각했다.

자루형 토지 재매각
계약 시기 : 2021년 9월
거래 금액 : 69억 5천만 원
토지 기준 3.3㎡(평)당 단가 : 8,910만 원
건물 기준 3.3㎡(평)당 단가 : 4,212만 원

69억 5천만 원에 건물을 매입한 매수자는 병원 원장으로, 문제의 자루형 토지 부분인 좁은 통로를 테라스로 예쁘게 꾸몄다. 자루형 토지라는 단점을 장점으로 살려 땅의 가치를 높인 사례이다. 목표한 성과를 내기 위해서는 위기 상황에서 걸음을 멈추지 않고 번뜩이는 아이디어로 태산 같은 위기를 돌파한다.

일반적으로 자루형 토지 건물은 주변 시세보다 평당 가격이 10~30% 싼 편이다. 고급 상권 내에 있는 건물을 직접 사용할 목적이라면 환금성이 크게 중요하지 않은 병원으로서는 시세보다 싸게 매입할 수 있는 자루형 토지가 좋은 선택이다.

One Point Lesson

단점을 장점으로 바꾸면 200% 성공

자루형 토지는 건물의 전면이 노출되지 않아 가시성이 떨어지므로 임대를 놓기도 까다롭고 매각하기도 쉽지 않다. 즉, 제때 갈아타지 못하는 위험 부담이 있다. 다만 병원이나 통임대 사무실처럼 어떻게 접근하느냐에 따라 단점을 장점으로 바꿔서 문제점을 해결할 수 있다.

건물로 진입하는 도로가 좁다는 단점도 명확하지만, 평일과 주야간 구분 없이 유동 인구가 풍부한 상권에 저렴하게 진입했다는 장점도 뚜렷하다. 건물을 사들이는 목적에 따라 용도가 다르기 때문에 목표에 집중하면 자루형 토지도 큰 영향력을 발휘할 수 있다.

건물 투자에서 가장 중요한 임대차
통임대를 할 수 있는 건물이 유리하다

기존 건물을 헐고 신축 또는 리모델링을 하거나 이미 완공된 건물을 매입해서 통임대를 하는 경우가 많다. 우리 중개법인의 전문 분야는 통임대차 맞추기다. 통임대는 업체가 건물 전체를 사용하는 임대차를 말한다. 강남은 통임차 수요는 많은데 공급이 부족한 상황이다.

▌MZ세대는 프라이빗한 공간을 원한다

대형 건물의 100평짜리 한 층을 사용하는 업체도 있지만, 한 층당 면적은 좁더라도 건물 전체를 빌려서 자기들만의 공간으로 쓰고 싶어 하는 사람들이 많다. 이것을 부동산업계에서는 통임대라고 한다. 통임대를 주로 하는 업종은 엔터테인먼트, 영상 제작업체, IT, 디자인, 출판 등이다. 이런 업종들이 많이 모여 있는 강남은 특히 통임차 수요가 많다.

주로 젊은 연령대가 통임대를 선호하는 경향이 있다. 임대료를 조금 더 주더라도 쾌적한 신축이나 리모델링 건물을 선호하고, 다른 업종과 섞이지 않고 자신들만 사용하는 공간에서 일하는 것이 더 효율적이라고 생각한다.

임대인의 입장에서는 층별로 임차인이 나뉘어 있으면 계약 만료로 나가는 경우 다른 층에서 임대료가 나오기 때문에 월 임대료 수익이 안정적이고, 공실인 층만 임차인을 구하면 된다. 반면 통임대는 계약 만기가 다가오면 임차인이 한 번에 나가 건물 전체가 공실이 되므로 임대차를 바로 맞추지 않으면 비어 있는 기간만큼 임대료가 전혀 들어오지 않는다. 하지만 여러 입지나 내외부 상태

가 좋다면 미리 일정을 조율해서 임차를 맞추는 것은 크게 문제없다.

통임대는 단점보다 장점이 많은데 그중 하나가 임대료를 더 많이 받을 수 있다는 것이다. 보통 층별 임대는 1층이 임대료가 가장 높고 그다음 2층, 3~5층 순이고 지하로 내려가면

점점 낮아진다. 하지만 통임대는 전체 면적으로 평당 임대료를 계산하기 때문에 임대료가 더 많이 책정된다. 또한 임차인이 건물 전체를 사용하고 있어 관리하기도 편리하다.

통사옥으로 임차가 이미 정해지면 포괄양도양수 계약만 진행하면 되므로 매수자가 특별히 고려할 부분이 없다.

임대료가 더 높고 관리도 편한 통임대

A씨는 2021년 1월 말 대지 면적 49평, 매매가 43억 7천만 원(평당단가 8,800만 원)으로 통임대가 맞춰진 건물 매입 계약을 진행했다. 특히 통임대를 진행할 때는 필수인 제소전 화해조서 작성도 빼놓지 않았다. 통임대와 짝꿍처럼 따라오는 것이 바로 제소전 화해조서이다.

2021년 3월에 잔금을 완료하고 포괄 승계하는 것이기 때문에 몇 개월 동안은 임대인이 임차인으로 승계가 진행되었다. 그런데 우려했던 상황이 벌어졌다. 바로 임차인이 된 전 임대인이 임대료를 내지 않은 것이다. 이때 필요한 것이 바로 제소전 화해조서이다.

다시 한 번 강조하지만 상가나 통사옥으로 임대차를 할 때는 반드시 제소전 화해조서를 작성해야 한다. 통임대에서는 제소전 화해조서가 가장 중요하고 상가 임대차에서도 많이 작성한다. 우리는 만일을 대비해 임차인과 계약 시 반드시 제소전 화해조서를 모두 작성한다. 그러면 임대료 연체 문제로 속앓이할 일이 없다.

제소전 화해조서를 통해 임대료 문제를 빠르게 해결했고, 매수자이자 소유자는 속앓이를 조금 했지만 다행히 전 임차인과 계약을 종료하고 현재는 영상을 제작하는 IT 업체가 들어와 있다. 현재 해당 소유주는 건물을 관리하며 임대수익을 얻고 있다.

One Point Lesson

제소전 화해조서란?

소송 전 당사자 간의 화해가 이루어졌음을 확인하기 위한 서식이다. 개인 간에 분쟁이 발생한 경우 소송으로 이어지는 것을 방지하기 위해 소송 전에 쌍방이 서로 화해하도록 하는 것을 말한다. 제소 전 화해의 제기가 적합한 것으로 판단되는 경우에는 일정한 기간을 주고 서로 화해할 수 있도록 한다. 그리고 화해가 성립되면 화해조서를 작성한다.

매입부터 임대까지 한 번에 끝내는
포괄양도양수

계약부터 한 달 만에 수익 실현

자산이 많은데도 너무 바빠서 제대로 관리할 수 없는 사람들이 있다. 이런 사람들은 이미 임대차가 맞춰져 있는 건물을 포괄양도양수 계약으로 진행하는 것이 유리하다. 적당한 물건을 고르고 계약만 꼼꼼히 해두면 이후의 과정에서는 신경 쓸 부분이 거의 없다.

이런저런 신경 쓸 시간이 없는데, 매입하고 관리하기 편한 건물 없나요?

B씨는 평소 부동산에 관심이 많아 다양한 소식에 정통한 분이었다. 그는 위례신사선이나 신분당선 호재가 많은 것을 눈여겨보고 신사역 인근의 매물을 원했다. 투자 희망 지역은 확실한데 신경을 많이 못 쓴다고 하며 리모델링이나 신축으로 임대차가 맞춰져 있

는 안정적인 건물을 찾았다. 마침 리모델링이 완성되고 임대차도 맞춰 포괄 승계로 매입 가능한 잠원동 건물을 추천했다.

해당 건물은 강남대로를 기준으로 오른쪽은 신사동과 논현동, 왼쪽은 잠원동이다. 지하철역 3곳을 걸어서 이용할 수 있는 이른바 트리플 역세권이다. 잠원동은 신사동과 의형제 같은 곳으로 신사동이 오르면 잠원동도 같이 오른다고 보면 된다.

해당 건물은 잠원동 싸리재공원 바로 앞에 있는 코너형 건물로 150억 원(평당단가 1억 3천만 원)에 매입할 수 있었다. 이미 리모델링이 완료되어 따로 신경 쓸 부분이 없고 관리만 하면 되는 상황이었다. 2022년 3월에 계약하고 한 달 만인 2022년 4월 잔금을 완료한 후 안정적으로 소유하고 있다. 계약 후 관리도 우리 중개법인이 맡아서 하고, 그동안 지가도 많이 상승하여 수익을 보고 있다.

매수자의 요청에 의해 신축이나 리모델링이 완공되고 임차까지 맞춰져 있는 건물을 포괄승계 계약을 진행하는 경우가 있다. 이 경우에도 계약 이후 어떤 일이 벌어질지 모르니 매입하기 전 여러 가지 상황을 꼼꼼하게 확인하는 것이 중요하다. 우리는 건축사와 함께 옥상부터 주차장까지 추후에 문제가 생길 부분은 없는지 하나하나 꼼꼼하게 점검해가며 진행했다.

포괄양도양수에서 확인해야 할 것

1. 현장을 방문하여 꼼꼼히 확인한다.

포괄양도양수를 하는 건물은 공사를 하지 않으니 신경 쓸 것이 덜하다고 생각할 수 있다. 건물의 모든 권리와 의무를 승계하는 것, 즉 기존 시설과 설비, 임차인이 있는 상황이라면 그 계약까지 그대로 유지하는 것으로 신축과 리모델링 못지않게 현장을 반드시 확인해야 한다. 건축사와 함께 방문하여 건축물의 구조나 여러 법적인 상황도 파악해야 한다. 행정적인 부분에서도 임차인과의 계약은 어떤 조건으로 진행되었는지도 확인해볼 필요가 있다.

- 임대차 계약 기간(최초 계약일, 계약 만기일)
- 임대차 계약 금액
- 관리비
- 건물 상태(누수, 하자는 없는지 등등)
- 미납 여부
- 건물분 부가세

2. 건물분 부가세를 확인한다.

포괄양도양수 계약으로 매도인과 매수인이 내야 할 부가세가 발생하지 않지만, 유의해야 할 점은 매도자와 매수자의 업종과 과세유형이 같아야 한다는 것이다. 매도인이 현재 건물을 직접 쓰고 있고, 일부만 임대로 주고 있을 때는 포괄양도양수 계약이 성립되지 않기 때문에 부가세를 내야 한다. 이럴 때 보통 부가세 별도로 특약을 한 경우 매수인이 추가로 내야 하기 때문에 자금이 더 들어갈 수 있으니 계약 전 꼭 확인한다.

6

내 건물에서 영업수익까지 챙기는
위탁운영

건물 투자에서 가장 중요한 것은 사실상 임차인이다.

어떤 업종이 들어오느냐에 따라 환금성이나 건물의 가치가 결정되기 때문이다.

스타벅스가 들어오는 건물은 단번에 가치가 상승한다는 사실은 익히 알려져 있다.

심지어 스세권이라고 주변까지 핫한 상권으로 바뀐다.

빌딩의 가치를 올리기 위해 꼭 스타벅스여야만 할까?

높은 임대수익은 물론 때로는 운영수익도 얻고

지가 상승도 기대할 수 있는 것이 위탁운영이다.

입지도 안 좋고
평수도 작은 건물의 대반전

망원동 좁은 골목이 핫플레이스로 바뀌다

15억~30억 원대의 매물은 위치가 좋지 않고 연면적이 작아서 신축이나 리모델링을 하더라도 임대료를 올리는 데 한계가 있다. 특히 꼬마빌딩 투자는 금리 인상과 공실률의 위험 부담이 있는 경우 임대수익보다 시세차익을 기대하는 편이 더 낫다. 비교적 소액으로 투자해서 상급지로 더 빨리 진출하고 부자가 되는 방법으로 찾은 것이 위탁운영이다.

상승장에도 하락장에도 수익률 문제없다

그동안 많은 고객들을 만나면서 느낀 것은 아무리 좋은 정보를 제공해도 그 사람이 선택하지 않으면 의미 없다는 것이다. 같은 정보를 제공해도 누구는 돈을 모으고, 누구는 모으지 못한다.

우리가 이만큼 빠르고 단단하게 성장할 수 있었던 것은 가능성이 있는 것에 끊임없이 투자했기 때문이다. 반드시 성공한다는 확신이 있다면 도전에 도전을 거듭했다. 특히 상가·사무실 임대차와 빌딩 매매를 하면서 우리가 직접 투자자가 되기도 했다.

나를 포함한 투자자들의 목표는 실투자금을 가지고 100% 수익률을 내고 나서 상급지로 빠르게 들어가는 것이기 때문에 반드시 재매각까지 계산하고 계약을 진행한다.

우리는 여러 가지 시도 끝에 직접 매장을 운영해서 영업이익을 높인 후 재매각하는 것이 좋겠다고 판단했다. 이것이 우리가 위탁운영을 시작하게 된 근간이다.

위탁운영은 건물 매매가는 15억~30억 원대인데 실투자금은 8억~13억 원이면 가능하다.

꼬마빌딩 위탁운영은 일반적으로 사용되는 개념이 아니다. 우리가 투자하고 관리하는 방식을 표현하기 위해 만든 용어이다. 임대료보다 높은 수익률을 올리기 위해 리모델링 후 카페와 음식점 등을 운영하여 영업이익을 높이고, 수익률을 맞춘 상태에서 다시 매각하는 전략이다. 이것을 리스백(lease back)이라고 한다.

다시 말해 꼬마빌딩을 매수한 사람이 임대인이 되고, 매도인이 임차인이 된다. 즉, 매도인은 매각하면서 투자금을 회수하고 매장은 계속 운영하는 방식이다. 매수인은 3%대 수익률을 내는 안정적인 건물을 매입하고 매도인은 매각하면서 대출을 상환하고 임대료를 내는 개념이다.

리스백 수익률은 최소 3.4~3.6% 정도에 맞추는데, 꼬마빌딩 수익률이 2022년 수도권을 기준으로 평균 3%대 초반이라고 하면 꽤 안정적인 투자이다.

빌딩 투자를 준비 중이라면 리스백(lease back)이란 용어를 한 번쯤 들어봤을 것이다. 'lease'와 'back'의 합성어로 '매각 후 재임대'라는 뜻이다. 부동산에서는 매도자가 계약과 함께 매도 건물 전체 또는 일부를 재임차하여 매수자에게 임대료 수입을 보장하는 형태의 매각 방식이다. 부동산을 매각한 이후에 새 주인에게 임대료를 지불하고 계속 사용하기로 하는 것이다.

위탁운영의 최대 매력은 수익률이 높은 매장을 들여와 핫플레

소액 투자자들에게 날개를 달아주는 위탁운영

우리를 찾아오는 투자자들은 소액을 투자해서 빨리 상급지로 진출하고 싶어 한다. 우리도 마찬가지다. 소액 투자로도 충분히 가능한 방법을 끊임없이 물색하고 찾아낸 끝에 발견한 것이 바로 위탁운영 시스템이다. 절대 잃는 투자를 하고 싶지 않아 고민과 협상 끝에 나온 것이 바로 글로우서울과의 위탁운영이다. 단언컨대 위탁운영이야말로 소액 현금을 투자해서 2배 수익을 낼 수 있는 유일한 투자 방식이다.

이스 건물로 만들어서 수익률을 높인 후 다시 높은 가격에 재매각한다는 점이다. 리스백 조건과 건물 매각 방식은 각각의 상황에 따라 다르지만 소액 투자자들의 자금 확보 방법이다.

실제로 우리는 위탁운영을 위해 지난 2021년 10월, 마포구 망원동에 있는 낡은 건물을 23억 원에 법인 명의로 매입했다. 리모델링을 거친 후 위탁운영(글로우서울) 업체가 들어와 '소설원 망원'이라는 카페로 2022년 8월부터 운영 중이다. 처음부터 망원동 핫플레이스 카페가 되어 현재 하루 매출 150만 원(주말에는 200만 원)이 넘는 수익률 좋은 카페가 되었다.

망원동은 이미 핫한 동네다. 유동 인구가 많은 상권 지역인 데다 특이하게도 젊은 층부터 연령대가 높은 분들까지 다양하다. 위탁운영을 위해 찾은 건물은 망원역에서 망원시장까지 이어진 중심 도로에서 도보 2분 거리에 있다.

해당 건물은 41평 노후 주택으로 반지하를 포함해 3층짜리 건물이다. 무엇보다 좋은 점은 옥상이었다. 리모델링해서 카페로 위탁운영을 한다면 임대수익과 지가 상승까지 노릴 수 있다고 판단했다.

오래된 감성을 살리는 인테리어

우리가 위탁운영을 진행할 때는 기존 주택의 장점을 최대한 살려 구조를 그대로 유지한다. 요즘 트렌드에 맞는 스타일, 즉 기존 옛집의 개성을 살리기 위해서다.

망원동 건물도 외벽을 그대로 살렸다. 또 주택 안에 실제로 남아 있던 서랍장, 천장 마감재, 문 등을 완전히 없애지 않는 방향으로 카페 콘셉트에 맞게 인테리어를 진행했다. 특히 3층은 드라마 〈응답하라 1988〉과 같은 1980년대 분위기의 천장, 창틀, 신발장을 그대로 살려서 빈티지 동양미를 연출했다.

노후 주택을 일본 가정식 카페로 개조해 동양미를 최대한 살린 디저트 카페 소설원 망원

　특히 망원동 건물 앞에는 큰 은행나무가 서 있는데 나무를 그대로 살리고 안팎에서 볼 수 있도록 창문을 크게 키웠다.

　위탁운영 카페의 포인트 중 하나는 옥상 공간 활용이다. 도심속 옥상을 감성적인 분위기의 루프톱으로 바꿔서 손님들이 여유롭게 차 한잔하거나 담소를 나눌 수 있는 공간으로 만들었다. 바닥에는 하얀 자갈을 깔고, 적절하게 대나무를 배치하여 옆 건물에서 바라보이는 시선을 차단한다.

　도심지의 번잡한 분위기와는 달리 문을 열고 들어서면 창살 사이로 들어오는 햇살과 널찍한 간격의 테이블 덕분에 여유를 즐기

가장 신경 쓴 루프톱 라운지

원래 베란다였던 곳은 대나무로 조경해 카페 안에서 보면 정원을 바라보는 느낌이다.

기에 안성맞춤이다.

위탁운영은 글로우서울이라는 업체와 함께 진행하지만, 추가

할 의견이 있으면 그때그때 조율한다. 우리는 루버를 세워달라고 요청하여 옆집과 시선을 차단해 사생활을 보호하면서 예쁜 공간을 만들었다.

핫플레이스 카페의 주인이 되다

주택가 골목 안쪽, 누구도 생각지 못했던 곳에 '소설원 망원' 카페를 오픈한 지 1년이 다 되어간다. (2022년 8월 오픈) 우리 카페는 하루 매출이 평일에는 150만 원, 주말에는 200만 원 정도이다. 이렇게 나는 핫플레이스 카페의 주인이 되었다.

소설원 망원 카페가 어느 정도 운영되면 리스백을 1억 원에 1,100만 원으로 할 예정이고, 재매각은 40억 원에 준비 중이다. 회수한 자금으로 다시 강남의 건물에 투자할 계획이다.

아카데미를 통해 위탁운영을 하고 있는 현장을 한 군데라도 다녀오면 모두 "제 건물에 위탁운영해주세요"라고 말한다. 하지만 꼬마빌딩에 위탁운영을 하려면 반드시 핵심 상권이어야 한다. 수익률 높은 핫플레이스로 만들기 위한 핵심은 반드시 좋은 입지에서 시작하는 것이다. 그래야 재매각이 가능하기 때문이다.

소설원 망원은 우리은행 담보와 신용대출을 18억 4천만 원, 공사비 대출 3억 1천만 원을 받았다. 취득세 1억 원, 등기비용 460만 원, 용도 변경 비용과 자동문 설치 등 인테리어 비용이 추가되었

23억 원 매입   리모델링 4.5억 원   소설원 위탁운영

다. 이렇게 해서 실제 투자금은 8억 원으로 낡은 건물을 23억 원
에 매입했다.

　대수선 리모델링 공사 기간은 3개월로 잡았다. 하루 매출 평균
180만 원으로 30일을 산출한 다음 운영비와 월 이자를 제외하니
위탁운영을 통해 남는 월 수익금이 1,298만 원이었다. 지금은 이
자가 올라서 수익금이 줄어들긴 했지만, 건물 매입에 실제 투자된
자본금 8억 원 정도에서 계산한다면 꽤 높은 수익률이다.

　우리의 목표는 실투자금을 가지고 위탁운영을 거쳐 100% 수익

소설원 망원 자금 계획 및 수익률

1. 투입 금액 내역
(단위:만 원)

내용		금액	비고	비율/금리
① 매매금액		230,000	총비용 288,110	
② 취득세	+	10,580	등기 접수 시 완납해야 함	4.60%
③ 등기비용	+	460	채권할인, 법무사 수수료 포함(채권할인률에 따라 변동될 수 있음)	0.20%
④ 중개보수	+	2,070	부가세 별도	
⑤ 대수선 공사비	+	45,000	내부 외벽 인테리어 + 조경 + 집기 세팅 비용 *용도 변경비 별도, 공사 기간 3개월	
⑥ 대출금액	-	215,500	건물담보+신용대출 18.4억 원 / 공사비 대출 3.15억 원	3.30%
⑦ 총 사업비용	=	72,610	① + ② + ③ + ④+ ⑤ - ⑥	

* 재매각 40억 원 py 1억 원(리스백 1억 원 / 1200만 원 / 3.69%)

2. 준공 후 임대료 및 지출 내역

⑧ 예상 월 매출		5,400	일 180만 원 × 30일
⑨ 지출비용	-	3,510	인건비, 재료비, 공과금, 위탁운영비 등 65%
⑩ 월 이자	-	593	
⑪ 월 수익금	=	1,297	⑧ - ⑨ - ⑩

3. 정리(연수익률)

⑫ 인수금액	72,610	각종 세금 모든 부대비용 포함
⑬ 순월수입	1,297	
⑭ 세전 연수익률	**21.44%**	⑬ * 12 / ⑫ * 100

*등기비용은 대략적인 금액으로 변동될 수 있음.

률을 거둔 뒤 다시 강남 건물에 투자하는 것이다. 그러므로 10억 원을 투자했다면 10억+10억, 즉 20억 원(세전)의 시세차익을 얻고 그 돈으로 다시 다른 건물에 재투자할 수 있도록 돕는다. 계속 운영하고 싶다면 매각 후에도 임차인으로 리스백을 할 수 있는 것도 큰 장점이다.

One Point Lesson

위탁운영에서 가장 중요한 협업

우리와 함께 위탁운영을 협업하고 있는 업체는 공간 제작 외식업체 글로우서울이다. 글로우서울은 온천집, 청수당, 송암여관 등 이미 검증된 외식업체이다. 소위 글로우서울이 익선동을 살렸다고 해도 과언이 아닐 정도로 선점하고 있다. 그 외에 낙원상가와 창신동도 작은 주택들을 매입해서 외식업 골목으로 만든 장본인이다. 실제로 '창신동 프로젝트'와 '우아한 롯데 타임빌라스' 등 글로우서울이 직접 핫플레이스를 운영하기도 한다.

글로우서울과 협업하고 있는 대표적인 외식업체 청수당(왼쪽)과 온천집(오른쪽)

글로우서울은 공간에 맞는 설계와 시공부터 브랜드 개발 및 위탁운영까지 모든 영역을 한 번에 아우르는 공간 제작사이다. 우리는 글로우서울과 연 1~6건 위탁운영을 진행하고 있다. 자체 평가와 가능성을 보고 공간 제작 의뢰를 수렴하기에 더 믿고 진행할 수 있다.

글로우서울은 내가 하고 싶다고 할 수 있는 것이 아니다. 글로우서울 자체의 기준이 있는데 가장 중요한 것이 입지가 좋고 핫한 상권이다.

우리가 좋은 입지라고 판단해서 30건 정도 의뢰를 넣으면 그중에 1건 정도 가능하다는 답변을 듣는다. 위탁운영을 위해서는 최소한의 테이블 개수가 준비되어야 하기 때문이다. 따라서 입지도 좋고 연면적도 60평 이상 되는 매물을 찾아야 한다. 우리가 힘들게 매물을 찾아내는 만큼 위탁운영이 꼭 필요한 매수자에게 안내해야 한다는 책임감이 있다.

글로우서울 | 도시재생, 부동산 개발, 인테리어 설계, 시공, F&B 브랜딩 경영 컨설팅 업체. 입지와 공간에 최적화된 콘셉트를 가진 리테일 브랜드를 개발하여 트렌디한 핫플레이스, 세계적인 관광명소 등 새로운 상업 공간으로 탈바꿈한다.

좋은 상권은 절대 배신하지 않는다

건대 입구 초역세권에서 10억 원대 투자

건대 입구 상권의 준주거지역에 자리 잡은 대지 면적 약 40평, 연면적 60평의 지상 2층짜리 건물은 대학생과 MZ세대들의 트렌드에 맞춰 브랜드를 정한다면 핫플레이스가 될 수 있다.

최대 상권에서 찾은 꼬마빌딩

우리 아카데미에 참석해 위탁운영 건물주가 된 첫 번째 주인공은 부동산과 전혀 관련 없는 평범한 직장인 D씨다. 그는 실거주보다는 재테크로 서울 근교에 건물 하나 올리고 싶은 투자자였다. 하지만 실투자금이 문제였다. 10억 원 정도 가지고 있었는데, 그 정도 금액으로는 주요 입지에 매입하기가 어렵다는 것을 본인도 잘 알고 있었다. 하지만 우리는 D씨의 자금에 맞춰 레버리지를 최대한 활용해서 수익률을 높이고 빠르게 시세차익을 얻기 위한 방법을 찾았고, 위탁운영이 효율적이라고 판단했다.

한 달 이상 손품 발품을 팔며 찾다 보니 모든 임차인이 명도되어 있어 바로 리모델링할 수 있는 건물이 눈에 들어왔다. 바로 건대 입구 상권에 있는 건물이었다.

서울 광진구 화양동 건대 입구는 강북 최대 상권으로 10대 상권에 들어갈 만큼 유동 인구가 많고 특히 먹자골목이 발달했다. 건대 입구역은 서울 지하철 핵심 노선인 2호선과 7호선의 환승 역세권

건대 입구에 매입한 건물

으로 강남과 시청, 을지로 등 핵심 지역으로 접근하기도 좋다. 또 건국대학교와 세종대학교가 있어 회식과 모임 장소로 많은 사람들이 찾는다. 그야말로 365일 꺼지지 않는 상권이다.

부동산을 잘 모르는 사람이 봐도 핫한 상권이라고 알 수 있을 만큼 대로변에는 프랜차이즈 소매점이 입점해 있고, 이면으로는 음식점과 카페들이 자리 잡고 있다.

특히 건대 입구 상권은 토지 잠재력이 높고 환금성이 좋은 만큼 매수자들이 선호하는 지역이다. 하지만 그에 비해 꼬마빌딩 매물이 희소한 지역으로 경쟁이 치열하다.

우리가 D씨에게 추천한 물건은 지상 2층짜리 건물로, 대지 면적 약 40평, 연면적은 60평으로 준주거지역(도시계획법에 의거, 주거 기능을 주로 갖되 상업적 기능의 보완이 필요한 주거지역의 하나를 말한다. 용적률의 최대 한도가 일반주거지역과 차이가 있다)에 위치해 있었다.

준주거지역이기 때문에 신축한다면 연면적이 훨씬 늘어나고 가치가 상승하겠지만 매수자의 자금을 고려해서 위탁운영을 결정했다.

건대 바로 맞은편에 있어 학생들의 수요가 많기 때문에 대학생과 MZ세대의 트렌드에 맞춰 임차를 놓으면 확실한 수익을 얻을 것으로 판단되었다. 이전 임차인도 건물 전체를 카페로 사용했을 만큼 이미 해당 건물 주변으로 상권이 형성되어 있어 고객 유치도 어렵지 않을 것으로 보였다.

리모델링한 건물

D씨는 개인 일정이 바쁜 중에도 연락하자마자 바로 현장을 방문했고, 유동 인구와 위치 등 우리가 추천한 이유를 듣고 빠른 결정을 했다.

실투자금 10억 원으로 핫플레이스에 입성

이 건물은 매입 당시에 명도가 완료된 근린생활시설로 2022년 6월에 계약하고 9월 말에 잔금을 치렀다. 현재 위탁운영 업체와는 크로아상 브랜드로 방향을 정했다.

매매가 32억 원짜리 건물을 실투자금 10억 원으로 취·등록세, 등기비용, 리모델링 공사비용까지 대출을 최대한 활용했다. 디자인 기간 2개월, 공사 기간 2개월을 거쳐 2023년 6월 핫플레이스 카페로 탄생될 예정이다.

일반 주택가나 골목에 카페를 만들다 보니 혹시라도 동네 입주민들의 불만은 없느냐는 우려가 있다. 오래된 주택이 리모델링을 거쳐 핫플레이스가 되면 찾아오는 길을 설명하기도 좋고, 덩달아 지가가 상승하니 기존 상인들이나 바로 옆에 주택을 소유한 주민들도 긍정적으로 생각한다.

분위기 있는 카페로 넉넉한 은퇴 생활

도넛 카페 사장과 건물주를 동시에

위탁운영의 가장 큰 장점은 카페를 직접 운영하지 않고도 소유할 수 있다는 점이다. 카페를 직접 운영하는 데는 상당한 수준의 노동이 필요하다. 이 힘든 일을 노후에 굳이 직접 할 필요 없다. 위탁운영으로 맡기면 직접 했을 때보다 영업이익을 높이는 것은 물론 지가 상승으로 시세차익도 똘똘히 챙길 수 있다.

헌집이 유명 도넛 브랜드로 살아나다

대학교 교수님 내외는 노후를 위해 살고 있던 강남의 아파트를 전세로 주고, 그 전세금으로 건물에 투자하겠다고 했다. 작은 건물을 하나 사서 카페에 임대로 주고 월세 수익을 올리거나, 아니면 카페를 직접 운영하고 싶다는 것이었다.

우리는 카페를 운영하기에 적당한 상권의 건물 위주로 물건을 찾기 시작했고, 종로구 익선동에 있는 53평짜리 노후된 2층 상가를 제안했다.

일반상업지역에 자리 잡고 있던 해당 건물은 1층에는 닭갈빗집, 2층에는 옷 가게가 운영 중이었는데, 모두 명도를 진행한 후 일반 카페에 임대를 주기 위해 리모델링을 계획했다. 그러다 익선동 현장을 방문하면서 생각이 바뀌었다.

"이 건물에 임대료 월 1천만 원을 받고 입점할 수 있는 카페에 임대를 주느니 전문적인 업체에 외주를 맡겨서 카페 브랜드를 개발하는 것은 어떨까?"

위탁운영을 맡겨서 영업이익을 높이고 지가 상승을 기다리는 것이 더 빠르고 효과적일 것으로 판단했다. 더구나 노후에 카페를 직접 운영하려면 여간 힘든 일이 아니다.

교수님은 위탁운영 시스템에 많은 관심을 두고 적극적으로 따라주었다. 그동안 매물 거래를 통해 쌓아온 신뢰 덕분이었다.

평소 아내가 카페 사장이 되는 것을 꿈꿨다고 하는데, 이참에 바리스타 자격증을 취득해 직접 괜찮은 브랜드 카페의 비법도 배우고 노후를 위해 투자하겠다며 남다른 의지를 보여주기도 했다.

경쟁력이 확실한 프랜차이즈 브랜드를 입점하려면 겉으로 보이는 부분보다는 내실을 확인하는 것이 중요하다. 숱한 브랜드를 찾아다닌 결과 차별화된 아이템으로 독보적인 브랜드를 만들어줄 글로우서울과 손잡기로 했다.

해당 건물을 2021년 크리스마스에 맞춰 '도넛 정수'라는 타이틀을 달고 오픈했고 익선동 핫플레이스 카페가 되었다.

매달 누리는 운영수익

　매입 계획 당시에는 해당 건물에서 시세차익을 확보한 후 매각해서 강남에 재투자하는 것이 목표였다. 하지만 현재 위탁운영을 통한 '도넛 정수' 카페의 수익을 매일 통장으로 확인하면서 운영의 재미를 느끼고 있다.

　리모델링 공사 비용은 건물 철거, 계단, 내외부 인테리어 비용을 모두 포함해 4억 원이 투입되었다. 등기 접수 시 완납해야 하는 취득세(4.6%)는 1억 6,560만 원, 등기비용(0.2%)은 채권할인과 법무사 수수료를 포함하여 720만 원이 지출되었다. 우리은행에서 담보대출 28억 8천만 원, 공사비용 대출은 2억 8천만 원으로 총 31억 6천만 원을 받았다.

36억 원 매입　　　　리모델링 4억 원　　　　카페 운영 중

서울에 교토 감성
한 스푼으로 가치 상승
35평 상가주택이 인생샷 카페로

서울의 오래된 주거 상권 홍제동에 일본 교토 감성의 카페를 들여놓자 단번에 핫플레이스가 되었다. 낡은 한국식 주택의 틀을 그대로 살리면서 일본풍의 인테리어 요소를 사이사이에 끼워 넣어 적은 비용으로 효과를 극대화했다. 내 건물을 가지면서 운영수익도 챙기는 양방향 수익 전략이다.

건물 투자와 운영수익을 한꺼번에

A씨는 현금 8억 원 내외를 투자해서 작은 건물을 하나 매입해 통임대를 할 계획이었다. 하지만 우리는 카페 브랜드를 개발해서 운영하는 것이 수익률 측면에서 더 좋다고 판단해 글로우서울을 통한 위탁운영을 제안했다.

마침 홍제동에 21억 원에 내놓은 매물(35평 노후된 상가주택)이 있었다. 지하 1층과 지상 2층 건물로 역에서 도보 2분 거리에 있는 초역세권 대로변에 자리 잡은 흔치 않은 건물이었다.

홍제역 대로변 안쪽으로는 주거지역으로 병원이 많고 프랜차이즈 음식점과 사무실 중심 상권이 형성되어 있다. 주거지역과 상권이 동시에 발달해 있으니 인근 거주자들이 많이 유입되고 가시성과 밀집성도 좋았다. 해당 건물은 홍제역에서 무악재로 넘어가는 통일로를 따라가다 보면 우측에 있다.

A씨 내외는 처음에 건물을 보고 "병원을 임대로 주면 좋을 것 같죠?"라고 물었다. 하지만 우리의 의견은 달랐다.

"이런 입지에 이 정도 상권이라면 카페 위탁운영을 하시는 게 좋을 것 같아요. 매장 운영을 통해 100% 수익을 실현하고 나면 바로 매각해서 강남에 재투자하는 거죠."

우리는 고객들에게 상품이 될 만한 확실한 물건만 소개하기도 하고, 그에 적합한 밸류업 방식도 안내한다. 글로우서울 대표님도 A씨에게 소개한 건물을 보고는 위치가 아주 좋다고 평가했다. A씨는 위탁운영을 결정하고 21억 원에 건물을 매입했다. 취득세, 등기비용, 리모델링 비용을 합쳐서 실투자금은 7억 원대였다.

교토 감성으로 공략하다
소설원이라는 브랜드로 운영 중인 해당 건물은 홍제동 분위기

입구의 대나무가 숲에 들어온 듯한 분위기를 자아낸다.

에 맞춰 동양적인 아늑한 디저트 카페로 탈바꿈했다. '눈이 내린 작은 정원'이라는 뜻의 카페 소설원(小雪園)은 현재 위탁운영을 통해서 수익을 창출하고 있다(리모델링해서 얻는 임대수익보다 높다). 홍제동 소설원에 이어서 나 또한 망원동에 소설원 2호점을 입점하게 되었다.

소설원 홍제점은 고객들 사이에서 일본 분위기 카페로 인기를 끌고 있다. 틀에 짜인 듯한 가맹점 카페가 아닌, 감성적이고 낭만적인 분위기로 차별화했다. 원래 주택가 건물로 공간 자체가 협소한 편인데도 1층부터 옥상까지 약 50평 규모로 동시에 50여 명을

주문하고 카페로 들어가는 복도

기존 주택 구조를 그대로 살린 내부

바닥에 다다미를 깔아 일본 분위기를 더했다.

수용할 수 있다.

동양풍의 따뜻하고 아늑한 공간이라는 콘셉트에 맞춰 허물고 새로 짓기보다는 노후된 주택의 틀을 최대한 살려냈다.

1층과 2층은 각각 소모임을 할 수 있도록 프라이빗한 공간을 연출했다. 특히 일본 주택을 개조한 것처럼 보이기 위해 다다미를 깔아서 교토 감성을 만들어냈다.

단독주택의 가장 좋은 점은 옥상이 아닐까. 감성 카페의 하이라이트라고 할 수 있는 루프톱에서 여유롭게 차 한잔하거나 인왕산을 바라보며 담소를 나눌 수 있다. 바닥에는 하얀 자갈을 깔아 눈이 쌓인 듯한 분위기를 냈고, 사생활도 보호하며 적절하게 대나무를 배치하여 옆 건물과의 시선을 차단했다.

흰 눈이 내린 것 같은 하얀 자갈이 깔린 루프톱

통임대보다 높은 수익률

기존 1층에 있던 상가 한 곳의 명도 협의는 수월하게 진행되었고, 2층은 상가주택에서 근린생활시설로 용도 변경을 했다. 실투자금은 7억 4천만 원(공동담보와 신용담보를 포함해 최대 대출 활용 시)이고, 매매가는 평당 5,980만 원대로 21억 원이다.

대수선 리모델링 공사비용 4억 원, 취·등록세 9,660만 원, 등기비용 420만 원이 지출되었고, 우리은행에서 담보대출 16억 8천만 원, 공사비용 대출 2억 8천만 원으로 총 19억 6천만 원을 대출받았다.

연면적 50평 건물을 리모델링해서 병원이 들어올 경우 예상 임대료는 보증금 1억 원에 월 임대료 700~800만 원 정도다. 하지만 카페를 직접 운영해서 일 매출 150만 원이면 한 달에 4,500만

21억 원 매입　　리모델링 4억 원　　카페 운영 중

원, 여기에서 각종 공과금, 운영비, 재료비, 인건비를 제하면 약 1,575만 원을 예상했고, 현재는 이자가 올랐지만 이자비용을 차감하더라도 임대료를 받는 것보다 수익이 높다.

레스토랑 사업과
부동산 투자를 동시에

서교동 작은 주택을 레스토랑으로

투자자들과 사업가들이 가장 선호하는 마포구 서교동, 한창 뜨고 있는 지역에 현금 11억 원을 투자해서 운영수익과 지가 상승으로 인한 시세차익을 모두 누릴 수 있다. 노후된 건물을 사서 리모델링하고 직접 레스토랑을 운영한다면 사업과 부동산 투자를 동시에 진행하는 셈이다.

▌직접 레스토랑을 운영하기
▌좋은 단독주택 없을까요?

매서운 한파가 연일 계속되던 어느 날, 유명 방송인 M씨가 우리를 찾아왔다. 두꺼운 외투 차림에도 감춰지지 않는 아우라에 모든 직원들의 시선이 그에게 쏠렸다. 시원시원한 성격답게 M씨는 곧장 본론에 들어갔다. 그는 희망하는 지역과 조건을 말하며 리모델링해서 자신이 직접 레스토랑으로 운영할 만한 주택을 찾아달라고 했다.

우리는 그의 자금 수준과 일정에 맞춰 마포구 서교동에 있는 건물을 추천했다. 서교동은 상권이 잘 형성되어 있고 유동 인구가 많아 임차 거래가 활발히 이루어지는 지역으로 투자자와 사업가들이 특히 선호한다.

우리가 소개한 건물은 3층짜리 단독주택으로 레스토랑을 운영하기에 적합한 곳이다. M씨도 현장을 방문하고 위치와 규모 모두 만족했다. 하지만 바로 계약하기는 일렀다.

주택을 레스토랑으로 개조해 운영하려면 매입 전 용도 변경이 필수였다. 이럴 때 반드시 확인해야 하는 것이 바로 위반건축물은 없는지와 정화조 용량이다.

하위 시설군에서 상위 시설군으로 용도 변경

먼저 위반건축물은 없는지 확인했다. 대부분의 위반건축물은 건축물대장에서 확인할 수 있다. 건축물대장에서는 위반건축물이 없었지만, 실제 현장을 방문해보니 옥탑을 불법 확장하여 집으로 사용하고 있었다. 우리는 매도인에게 이른 시일 안에 철거해달라고 요청했고, 다행히 매도인도 받아들여 계약 전에 위반건축물 부분을 해결했다.

그다음으로 가정집과 달리 많은 외부인이 방문하기 때문에 면적과 인원을 고려해 정화조 용량을 늘려야 한다. 건축물대장을 보면 오수 처리 시설 형식과 인용을 확인할 수 있다. 원래는 이를 계산하여 정화조 용량을 산정하지만, 지역과 근린생활시설 업종마다 요구되는 정화조의 용량과 유형이 다를 수 있어 관할 관청이나 정화조 전문 업체에 문의하는 것이 정확하다. 우리는 건축사를 통해 진행하기로 하고 정화조 용량을 늘리는 공사도 일정에 포함했다.

11억 원 투자로 특색 있는 레스토랑 탄생

우리는 계약 후 잔금 전까지 빠르게 명도를 진행했고, 임차인을 내보낸 후 주방 철거를 진행했다. 용도 변경 및 리모델링을 진행할 때 건축사의 설계에 맞춰 전반적인 과정을 진행하지만, 부동산 중개사도 같이 일정을 점검해야 행정상의 문제를 빨리 해결하고 공사를 원활하게 진행할 수 있다.

해당 건물은 리모델링 공사 기간을 3개월 정도로 잡았고, 마포

건축물대장을 꼭 확인해야 하는 이유

건축물대장이란 집의 소재(所在), 구조, 면적 및 소유자의 주소, 성명 따위를 적은 공용문서로 건축물의 정확한 주소부터 건축물의 용도, 연면적, 건축주와 설계자까지 해당 건물의 전반적인 내용을 파악할 수 있다. 해당 건물이 위반건축물이면 건축물대장 오른쪽 위 끝에 찍힌 것으로 확인할 수 있으며, 위반건축물이 있으면 대출이 불가하거나 용도 변경이 어려울 수 있다.

일반적인 건축물대장(위)과 위반건축물대장(아래) 비교

간혹 건축물대장에는 위반건축물로 기재되어 있지 않은데 실제로 위반건축물을 조성한 경우가 있다. 현장에 방문해서 점검하지 않고 매입한 후에 해당 구청에 가서 용도 변경을 하려고 하면 건축과에서 원상복구를 요청한다. 불법의 소지가 있는 경우 용도 변경 자체가 안 되기 때문이다. 계약하고 나서 이런 사실을 알고 용도 변경을 요청하면 매도자 측은 대부분 요청을 받아들이지 않는다. 따라서 반드시 계약 전 현장 방문을 통해 위반건축물 사항이 없는지 반드시 확인하고 계약 전에 협의를 끝내야 추후 비용 발생과 용도 변경 및 건축 등에 따르는 시간을 줄일 수 있다.

구 서교동 상권을 분석한 결과 특색 있는 메뉴이거나 맛이 보장되면 핫플레이스가 될 수 있다.

이 건물은 취·등록세와 등기비용, 리모델링 공사비용까지 포함해서 33억 원에 매입했다. 매수자가 투자한 금액은 현금 11억 원으로 평당단가는 7,600만 원이었다. 이후 지가 상승만으로도 현재 시세가 평당 9천만 원대를 형성하고 있다. 직접 레스토랑을 운영해서 수익도 챙기고 지가 상승으로 시세차익도 얻을 수 있는 투자이다.

우리 함께
건물주 되어보는 건 어떨까?

소액 투자자들이 홍대 33억 원 건물 공동 매입

건물주는 되고 싶지만 혼자 거액의 대출을 감당하기 부담스럽다. 이럴 때는 마음 맞는 사람끼리 투자법인을 만들어 주주가 되는 방식을 생각해보자. 3명이 4억 원씩 투자해 12억 원으로 건물을 산 뒤 수익을 배분한다면 소액으로 얼마든지 건물주가 될 수 있다.

4억 원으로 건물주가 될 수 있다

2022년 8월, 많은 예비 투자자들이 홍대 입구에 모였다. 재건축 전문가 아이언키 님이 이끄는 아카데미 수강생들과 진행하는 현장 투어였다. 한여름의 뜨거운 날씨도 건물 투자의 열망을 누르지 못했다.

우리가 소개한 건물은 홍대입구역 인근의 33억 원짜리 건물로,

대지 38평의 4층에 근린생활시설과 주택이 함께 들어 있었다. 해당 건물은 위치부터 상권까지 모든 것이 완벽했다. 홍대입구역 8번과 9번 출구를 걸어서 이용할 수 있고, 뒤쪽으로는 홍대 핵심 상권과 주차장 길이 연결되어 유동 인구를 흡수할 수 있는 모든 조건을 갖췄다.

홍대 입구는 6시 이후에 먹자상권으로 직장인들이 많고, 심야에는 클럽 상권으로 새벽 2~3시까지 젊은이들이 모여든다. 또한 강북 최대 상권으로 외국인들도 많이 방문한다. 외국인 관광객이 많다는 것은 상권의 성숙 단계로 해석할 수 있다. 상권의 성숙 단계란 대규모 자금이 이미 유입됐거나, 대형 빌딩 매매가 본격화되는 지역을 말한다.

대지 38평의 4층짜리 근린생활시설과 주택이 포함된 건물

이런 지역은 당연히 경쟁이 치열할 수밖에 없다. 게다가 해당 건물은 최근 거래되었던 주변 시세보다 평당단가가 2천만~3천만 원 더 낮았다. 입지도 좋고, 초급매물에 건물 구조도 리모델링하기에 적합했다.

아이언키 님이 이끄는 아카데미 수강생들은 한눈에 좋은 건물임을 알아보았다. 다만 대지가 38평밖에 되지 않은 소형 건물이어서 리모델링을 한다고 하더라도 임대료에 한계가 있는 것이 단점이었다. 그래서 위탁운영을 통해 매장을 운영하는 방식을 추천했는데, 마음 맞는 몇 명이 공동투자를 하기로 결정했다.

급매물은 절대 놓치지 마라

우리는 해당 건물을 통해 위탁운영으로 발생할 수 있는 월 수익금을 가능한 보수적으로 잡고 순이익을 계산했다. 2년 안에 리스백(매각 후 임대)을 조건으로 매각한다면 수익률 100%를 실현할 수 있다고 판단했다. 한 번 더 강조하지만 위탁운영 업체 글로우서울에서 가져가는 운영비, 재료비, 인건비 등을 제외하고 나머지 이익이 모두 건물주에게 돌아간다.

빠른 결정이 부의 추월차선을 만들 수 있다. 좋은 건물은 반나절 만에 계약이 완료되는 경우가 많다. 특히 급매로 나온 해당 건물은 현장을 둘러보고 바로 매수가 결정되었다. 평소 건물에 관한

건물 콘셉트

관심과 공부, 안목을 키워둔다면 좋은 시기에 좋은 매물이 나타났을 때 바로 기회를 잡을 수 있다.

현재는 계약 후 잔금 전까지, 매도인이 1층 카페와 주택으로 이용되던 2~4층의 명도를 진행하고 있다. 명도가 끝나고 용도 변경 후 잔금을 치르고 나면 대수선 리모델링 후 위탁운영을 시작할 예정이다.

위탁운영

01 | 월 수익의 달콤함에 빠지지 말자

자기자본 8억 원을 투자해서 위탁운영을 하다가 시세가 40억 원이 되었을 때 팔 것을 추천한 건물이 있다. 하지만 건물주는 현재 장사가 너무 잘된다며 40억 원에도 매각하지 않겠다고 했다.

당장 시세차익보다 매달 통장에 찍히는 월 4천만 원의 순이익이 너무 달콤했던 것이다. 더구나 건물주이자 카페 사장이라고 했을 때 받는 주변의 부러운 시선도 한껏 즐기는 터였다.

물론 상황을 지켜보면서 더 큰 시세차익을 노릴 수도 있다. 하지만 투자자의 측면에서 봤을 때 가장 안타까운 사례다. 월 4천만 원의 순이익이 시세차익 20억 원에 비할까? 내 자산을 빨리 불리기 위해서는 건물을 매각하고, 20억 원의 차익으로 강남 지역의 건물에 재투자하는 것이 훨씬 낫다.

우리의 최종 목표는 위탁운영이 아니다. 위탁운영은 소액으로 2배 빠르게 종잣돈을 2배로 불리는 방법이다. 건물 하나를 사서 계속 소유하는 것만으로는 부자라고 할 수 없다.

노후된 건물을 매입한 후에는 반드시 부동산 가치 상승을 거쳐 재매각까지 해야 비로소 성공한 것이다. 소액 투자로 건물을 매입하고 위탁운영을 하는 경우 거기에 안주하지 말고 목표가를 달성하면 매도하고 재투자하는 전략으로 자산을 빠르게 불려나가자.

02 | 적정한 임대료인지 꼭 확인하자

위탁운영, 즉 리스백 매각은 말도 안 되게 고수익률인 경우가 있다. 매수인이 건물을 매각 후 리스백하려는 금액이 주변의 임대료 시세와 비교해서 적정 금액인지 반드시 살펴봐야 한다. 건물의 매각을 위해 임대료가 지나치게 높게 책정된 것은 아닌지, 현장 검증을 통해 꼼꼼하게 살펴볼 필요가 있다.

03 | 카페로만 한정하지 말자

꼬마빌딩과 위탁운영의 결합은 소액 투자와 높은 수익성, 안전성, 환금성까지 고려한 방식이다. 따라서 카페가 아니더라도 확장 가능성이 무궁무진하다. 핫플레이스 건물로 만들어 수익을 극대화할 수 있는 영역은 어디든 있다.

부
록

작지만 쏠쏠한
건물 투자 유망 지역

돈이 흘러드는 강남구 신사동

신사동 상권부터 도산대로까지는 노선상업지역(도로와 나란히 띠 모양의 일정한 너비로 설정한 지역)으로 높은 빌딩들이 많고, 지금도 새로운 건물들이 한창 들어서고 있다. 대로변에 병원이나 각종 업무시설들이 많이 밀집해 있는데, 을지병원사거리에 위례신사선이 들어온다.

신사동은 강북은 물론 올림픽대로와 청담동으로 진입하기도 좋고 교통량과 유동 인구도 많다. 엔터테인먼트와 디자인 사무실 그리고 아이돌 연습실, 성형외과, 브랜드의 안테나숍이나 쇼룸들이 분포되어 있다. 젊은 세대들과 관광객들로 상권이 발달한 만큼 부동산 거래가 활발하다.

도산대로에 늘어선 옥외 간판과 브랜드 매장들을 보면 대한민국 최고의 초호화 상권이자 강남 상권을 이끌어가는 핵심 지역이라는 걸 느낄 수 있다. 특히 유명 연예인들의 투자가 활발한 곳이다. 고급 음식점들도 많고 주로 젊은 셰프들이 도산대로 부근에서 창업한다.

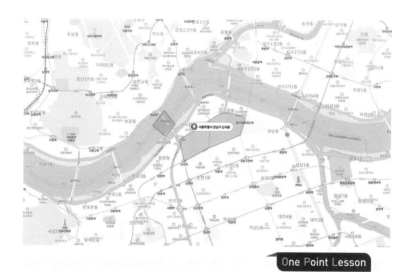

One Point Lesson

건물 앞 도로 폭 4m는 필수

강남 지역은 안쪽에 위치하더라도 신축이나 리모델링을 한다면 사옥 수요가 충분하다. 다만 자동차 2대가 서로 교차하여 지나갈 수 있는 4미터 도로 폭을 확보하는 것이 필수다. 강남은 아무리 도로 폭이 좁더라도 주차시설이 잘되어 있으면 사무실 임차가 잘된다. 도로 폭이 4m가 안 되는 낡은 주택을 매입하여 신축하려면 대지를 1~2m 도로에 할애하고 나머지 땅에 지어야 한다.

가로수길 상권에 대형 매장과 안테나숍이 생기면서 임대료가 올라가자 프랜차이즈가 아닌 가게들이 세로수길로 옮겨 갔다. 그러나 현재 세로수길도 가로수길 못지않게 성장해서 젠트리피케이션(구도심 지역이 활성화되어 중산층 이상의 계층이 유입되면서 기존의 원주민을 대체하는 현상) 현상이 또다시 일어나고 있다.

핵심 상권 중에 핵심, 가로수길

신사동의 중심 상권인 가로수길은 브랜드 직영 매장과 안테나숍이 주를 이룬다. 고급스러운 카페와 식당도 많고 주로 발렛 주차를 하는 만큼 임대료가 낮을 수 없다. 특히 애플의 장기 임대가 임대료 상승 요인 중 하나로 작용했다.

가로수길은 규모가 크고 특색 있는 건물들의 집합소라고 할 수

있는데, 특히 임차인들이 좋아할 만한 건물이 많다. 가로수길은 다양한 연령대의 유동 인구가 많고 주요 소비층의 경제적 수준이 높으며, 역삼동과 논현동에 회사를 둔 직장인들도 많이 이용한다는 것이 이점이다.

리모델링이 유리한 세로수길

가로수길에 큰 기업들이 들어오면서 임대료 상승으로 인해 개성 있는 상점들과 카페들이 뒷길로 밀려나 생긴 상권이 세로수길이다. 특색 있는 상점과 음식점, 술집 등이 주를 이루고 현재는 대형 매장들이 점차 들어오면서 가로수길과 비슷하게 성장하고 있다. 신사역부터 세로수길까지 먹자상권이 형성되어 있다.

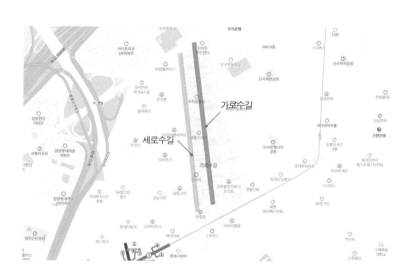

세로수길 안쪽은 연남동처럼 주택을 개조한 건물이 많다. 주차장을 없애고 야외 테라스를 만들어서 좌석을 늘린 건물들도 많다. 성형외과, 호텔 등 성형 겸 여행을 위해 방문한 외국인들을 대상으로 상권이 발달하다 보니 다가구주택 임대인들이 매물을 내놓지 않는다.

특히 눈길을 끄는 것은 평당 임대료가 낮은 반지하를 1층처럼 리모델링해서 카페가 들어서 있는 건물이다. 접근성이 좋으면 반지하도 1층과 비슷한 임대료를 받을 수 있다. 신축 비용을 고려하면 리모델링이 유리한 건물이 많다. 신축을 하면 법정 주차 대수 때문에 1층을 주차장으로 만들어야 하기 때문이다.

One Point Lesson

신축할 때는 법정 주차 대수 확보 의무

신축할 때는 의무적으로 면적당 확보해야 하는 주차 대수가 있다. 건물의 용도와 면적에 따라 기준이 다른데, 근린생활시설은 134㎡당 1대가 의무이다. 건물 투자자라면 주차 대수도 생각해야 한다.

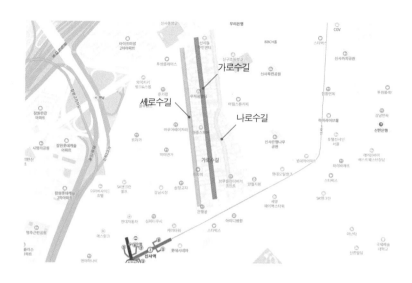

압구정까지 이어지는 나로수길

세로수길과 비슷한 가게들이 입점해 있는데, 주로 브런치를 즐길 수 있는 카페나 디저트 가게가 많다. 나로수길도 압구정역까지 골목 상권이 확장되는 추세이다. 소비 트렌드가 빨라서 SNS에 올리기 좋은 분위기 있는 공간이 많다.

나로수길은 소위 말하는 나심비(나와 심리, 그리고 가성비의 합성어로, 가격과 성능에 상관없이 내가 만족하는 물건에 기꺼이 지갑을 여는 심리)가 좋은 곳이 많다. 신축이나 리모델링, 인테리어 등에 나심비를 잘 반영하면 임대는 문제없다.

호재가 계속되는 서초구 잠원동

강남의 중심 상권 중 하나인 잠원동은 이미 신분당선 개통 호재가 반영되어 있지만 앞으로도 계속 상승할 것으로 기대되는 지역이다.

한남대교 부근으로 평일 낮에도 차량과 유동 인구가 많은 지역이다. 잠원동 대로변은 상업지역으로 병원, 금융기관, 회사 사옥 등이 들어서 있다. 유명 연예인이 2006년에 건물을 매입하고 리모델링해서 스타벅스가 자리 잡은 건물도 있다.

신사동 가로수길이 힙한 MZ세대들이 찾아오는 골목이라면 잠원동은 직장인들 대상으로 밤늦게까지 운영하는 곳이 많다.

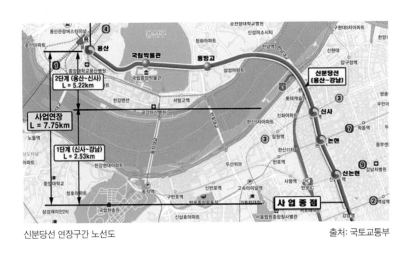

신분당선 연장구간 노선도

출처: 국토교통부

소액 투자에 유리한 마포구 연남동

부동산 경기 침체와 금리 인상이라는 악재에도 승승장구하는 상권이 바로 마포구 연남동이다. 홍대입구역 3번 출구부터 연트럴파크를 기준으로 오른쪽에는 미로길과 툭툭 상권, 세모길이 형성되어 있고, 그 반대편으로는 경의선숲길이다.

경의선숲길은 홍대입구역에서 도보 10분 이내로 갈 수 있고 여유로운 환경으로 사옥 수요가 많은 지역이다. 마포구 특히 홍대 상권은 먹자상권으로도 유명하지만 사무실과 사옥 수요도 많다. MZ세대들이 많이 찾는 지역으로 영상, 출판, 디자인 업종들이 많아지는 추세이다.

미로길부터 툭툭 상권과 세모길까지 상권이 형성되어 있는 연트럴파크는 한산한 때가 없을 정도로 사람들이 모여든다. 주택을 용도 변경하여 리모델링한 건물에 카페나 펍, 주얼리숍 등 20~30

대를 겨냥한 특색 있는 가게가 들어서 있다.

현재는 경의선숲길 좌측까지 상권이 발달하는 추세이다. 5년이 지났는데도 상권이 지속적으로 발달하는 이유는 지하철 2호선 홍대입구역과 공항철도, 경의중앙선이 지나는 트리플 역세권이기 때문이다. 교통이 발달하면 유동 인구가 많을 수밖에 없다. 또 96면의 공영주차장을 건립하고 있어 자동차로 이용하기도 좋다. 연남 휴먼타운 내에 업종이 제한된 음식점을 지구단위계획구역으로 입점 가능한 정책이 통과되어 호재로 작용될 것으로 보인다.

작고 힙한 골목 미로길

홍대입구역에서 오른편으로 작은 골목들이 미로처럼 생겼다고 해서 미로길이라고 불린다. 노출형 지층이 많아 평당단가가 지상 1층과 비슷하다. 대지 면적 40~50평대 매물이 주를 이루며 20~30대를 겨냥한 다양한 업종이 형성되어 있다. 특히 미로길은 음식점

이나 카페, 힙합 상가들이 많다.

타로집, 샌드위치 가게, 창화당 등 먹자상권이 툭툭 상권과 세모길까지 확장되었다. 미로길의 특징 중 하나가 1층 같은 반지하가 많다는 것이다. 그런 곳들을 잘 꾸미면 1층과 같은 수준으로 임대료를 받을 수 있다. 현재 미로길은 평당단가가 9천만~1억 원이다.

한창 뜨고 있는 세모길과 툭툭 상권

연트럴파크 끝자락에 세모 모양의 지역을 세모길이라고 한다. 연남동의 미로길과 툭툭 상권에 이어 현재 개발이 가장 활발한 지역이다. 골목길 재생 사업으로 가죽공방, 테일러숍 등이 있다.

툭툭 상권은 태국 음식점 '툭툭 누들 타이'와 '반미프엉'이 유명해지면서 주변에 업종이 늘어나고 미로길 상권이 휴먼타운을 건너 확장된 곳이다. 특색 있는 음식점이 많고 현재 평당단가는 8천만~9천만 원대를 형성하고 있다.

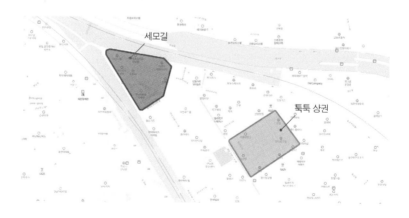

연남동 지구단위계획구역

지구단위계획구역이란 저층 주택의 장점과 아파트의 장점을 결합한 신개념 저층 주거지다. 제1종 지구단위계획에 의하여 주거단지 조성의 목적을 가지고 개발에 제한을 두었다. 총 5가지 제한을 두고 있는데 용도제한, 건축행위 제한이 있다.

세모길과 툭툭 상권에 인접한 연남동 지구단위계획구역(구 연남동 휴먼타운)은 맨 마지막으로 발달된 지역으로 산책하면서 둘러보기 좋은 작은 가게들이 많다. 강남은 30~50억 원대 매물이 없으니 연남동 지구단위계획구역으로 몰리는 현상도 나타난다. 임차 수요가 많고 유동 인구가 보장되어 지구단위계획이 풀리면서 상권이 더 활발해질 것으로 기대한다.

연남동 지구단위계획구역

연남동 휴먼타운은 2011년 지정돼 구역별로 1~2층까지만 근린생활시설(상가)이 허용되면서 휴게 음식점만 가능했었다. 그러나 지난 4월 서울시가 연남동 휴먼타운을 '연남동 지구단위계획구역'으로 변경해 경의선숲길 공원 주변 카페와 음식점 등 다양한 근린생활시설의 용도를 대폭 허용했다. 공원 중심부에서 단절됐던 상업 기능을 공원 주변까지 확대하고, 구역 내의 주요 도로변에서도 음식점 영업이 가능하다.

| 부록 2 |

내 건물을 갖기 위한
7계명

제 1 계명

일단 집을 나서라, 투자는 집 밖에서 이뤄진다

내가 만나본 부자들은 일단 시작하면 성공할 수밖에 없는 가능성만 찾는다. 그들은 장점만 보고 행동에 나선다. '지금은 하락장 아닌가?' '앞으로도 계속 오를까?' '금리도 높은데 자칫 원금마저 잃으면 어떡하지?' '나한테 그만한 돈이 어딨어?' 당신이 고민하는 지금, 경기 변동과 상관없이 좋은 물건을 찾아다니는 사람들이 분명 있다.

투자하기 좋은 때는 오히려 지금이다. 경쟁도 적고 매수 금액이 갑자기 올라갈 일도 없다. 남들이 살 때 덩달아 사거나 고민하느라 결정을 미룬다면 기회를 잡기 어렵다. 가난하게 태어났다고 해서 가난하게 죽으라는 법은 없다. 하루빨리 집 밖으로 나와 부자가 되는 길을 찾아야 한다.

막연한 기대는 하지 마라, 자칫 호구 된다

부동산으로 성공한 사례를 보고 '나도 수익을 낼 수 있다'는 안일한 생각, 건물만 사놓으면 큰 부자가 될 수 있다는 막연한 희망을 품어서는 안 된다. 전문가를 만나서 운 좋게 성공할 수도 있지만, 기본적으로 부동산을 보는 눈을 키워야 한다. 나는 이것을 부동산 재테크 기초체력이라고 부른다. 내가 알고 있어야 전문가가 추천했을 때 빠르고 올바른 결정을 내릴 수 있다.

좋은 매물을 추천했는데도 판단하지 못하고 주저하는 사이에 다른 사람이 선점해버려 기회를 놓치는 경우가 많다. 기회가 왔을 때 그것이 기회라는 것을 알아채려면 평소에 공부하고 준비해두어야 한다.

모르고 덤비지 마라, 공부는 언제나 옳다

부동산 부자를 꿈꾼다고 해서 지금 다니고 있는 직장을 그만두고 모든 것을 쏟아부으라는 것이 아니다. 직장 생활을 하면서 안정적인 근로소득을 얻는 것은 정말 중요하다. 지금 하고 있는 일을 하면서 틈틈이 공부하고 종잣돈을 모으면서 준비하자.

막연히 부동산 공부를 하겠다고 하면 무엇부터 해야 할지 모른다. 가장 효율적인 공부 방법은 목표 범위를 나누는 것이다. 예를 들어 5천만 원으로 분양권에 도전하겠다고 정했으면 관련된 강의를 들으면서 정보를 얻는다. 아무리 전문가가 좋은 물건을 제안해도 최종 판단을 하는 것은 본인이다. 많이 아는 만큼 올바른 판단을 할 가능성이 높다.

제4계명

시세 파악을 하라, 적정가를 알 수 있다

건물은 아파트와 달리 개별성이 강하다. 지역마다 다르고, 건물의 상태에 따라서도 다르기 때문에 최대한 정보를 많이 얻어야 한다. 건물 투자에 도움되는 웹사이트 중에 토지의 감정을 추정할 수 있는 랜드북(landbook.net)이 있다. 감정가 50억 원짜리 물건을 추천받았을 때 랜드북에 확인하면 AI 추정가를 보여준다.

거래 사례를 보여주는 사이트로는 밸류맵(valumap.com)이 있다. 최근 2~3년 정도 된 사례를 보면 평균 매수 단가를 알 수 있다.

랜드북으로 시세 파악을 하고 밸류맵에서 사례를 확인하면 어느 정도 파악할 수 있다. 어떻게 밸류업이 됐는지 보면 건물을 보는 안목이 생긴다.

멘토와 동지를 찾아라, 혼자보다 낫다

이론 공부를 어느 정도 한 다음에는 적어도 한 달에 한 번은 투자 관련 오프라인 강의를 듣는 것이 좋다. 오프라인 강의는 정보만 얻는 것이 아니라 인맥을 쌓을 수 있는 기회다. 비슷한 목적을 가진 사람들을 만나 인맥을 넓혀라.

부동산 투자를 하려고 모인 사람들끼리 정보를 공유할 수 있다. 다른 사람들과 함께 공부하면 수익을 창출하겠다는 의지가 더욱 강해진다. 오프라인 강의에 모인 사람들은 대부분 나보다 선배이고 건물 한두 채 정도 투자해본 사람들도 많다.

오프라인 강의에 반드시 가야 하는 이유는 또 있다. 부동산중개사무소의 말을 100% 믿기보다는 옳은 정보인지 직접 확인해야 한다. 최신 정보도 듣고 궁금한 것을 물어보기도 쉽다. 입소문으로 알려진 사람 중에서도 믿을 만한 사람인지 꼼꼼히 따져봐야 한다. 정보가 넘쳐나고 채널도 많은 만큼 정보의 진실성을 확인하는 것이 무엇보다 중요하다.

자신의 이름을 걸고 강의하는 사람, 업계에서도 전문가로 통하는 사람, 현재 본인도 투자를 계속하는 사람이 신뢰도가 높다. 카페나 블로그, 유튜브 등에 최신 정보를 꾸준히 업데이트하는지, 후기가 전문적인지도 알아본다.

발품을 팔아라, 현장에 답이 있다

책을 달달 외우고, 최신 정보를 아무리 많이 모았다고 해도 막상 실행하기 전에는 '내가 잘할 수 있을까?' '투자금 전부를 잃으면 어떡하지?' 하는 불안감과 두려움이 생기게 마련이다. 초기 투자에서 성공의 관건은 '멘탈 관리'다. 반드시 발품을 팔면서 현장을 몸으로 느끼고 실전 경험을 쌓으면 불안감과 두려움은 자연스럽게 사라진다.

현장을 둘러보면 책 100권을 읽는 것보다 훨씬 값진 지혜를 얻을 수 있다. 무엇보다 현장 투어에서 연대감은 끈끈한 네트워킹을 구축할 수 있는 절호의 기회다.

기회가 된다면 부동산중개사무소에서 일해보는 것도 좋다. 부동산 시장이 실제로 어떻게 돌아가는지도 알고, 건물을 보는 안목도 기를 수 있다.

나이는 중요하지 않다, 늦다고 생각하면 더 늦어진다

주변에 부동산 재테크로 성공한 사람들을 보면 '나는 너무 늦은 것이 아닌가' 하는 생각이 들 것이다. 하지만 내가 아는 사람들 대부분은 마흔이 다 되어서야 비로소 경제에 눈을 떴다. 중요한 것은 나이가 아니다. 핵심은 몇 살에 시작하느냐가 아니라 10년이라는 기간이다. 40대라면 50대에 경제적 자유를 이룰 수 있다. 50대라면 60대에 가능하다. 돈 걱정 없는 경제적 자유를 60대에 얻을 수 있다면 절대 늦은 것이 아니다. 편안한 노후를 보낼 수 있으니 말이다. 지금부터 딱 10년만 집중해서 내가 원하는 삶을 향해 달려가자. 지금부터 내가 어떻게 하느냐에 따라 10년 후 내 모습이 달라진다.

꼬마빌딩
톺아보기

꼬마빌딩이란 개인이 투자할 수 있는 중소 규모의 빌딩을 말한다. 3~7층 규모, 매매가 50억~80억 원 정도의 상업용 빌딩이다. 최근에는 부동산 가격이 오르면서 매매가 100억 원까지 꼬마빌딩에 포함하는 추세이다.

꼬마빌딩에 관심을 가지는 사람들이 늘어나면서 꼬마빌딩 투자라는 단어도 대중화되었다. 실제로 KB금융지주 경영연구소가 공개한 '2022 KB 부동산 보고서'에 따르면 자산가들을 상대하는 프라이빗뱅커(PB)들이 올해 가장 유망한 부동산 자산 1위로 꼬마빌딩을 꼽았다. 2021년에 꼬마빌딩을 유망 부동산으로 전망한 비중은 12%였지만, 2022년에는 24%로 크게 상승했다.

꼬마빌딩의 열풍은 경매시장에서 엿볼 수 있다. 꼬마빌딩 1채에 120명이 넘는 응찰자가 몰리는가 하면 낙찰가율이 200%에 달하는 사례도 빈번하다. 이럴 때일수록 환금성과 안전성에 맞춘 투자 전략이 더욱 필요하다.

꼬마빌딩 열풍, 무엇 때문인가?

꼬마빌딩이 뜨는 이유는 간단하다. 다주택자 보유세 부담으로 인해 주택시장의 투자 매력이 떨어진 데다, 수십억 원씩 하는 아파트를 팔아 신용대출을 더하면 웬만한 건물 1채를 살 수 있기 때문이다. 실제로 최근 수년간의 아파트 가격 고공행진과 부동산 규제 강화로 인해 대체 투자 상품으로 꼬마빌딩을 찾는 사람들이 급격하게 늘어났다.

꼬마빌딩, 지금 투자해도 괜찮은가?

부동산은 이제 하락장이라고, 건물 투자는 돈이 많은 사람들이나 할 수 있다고 생각하기 쉬운데 절대 그렇지 않다. 부동산 시장이 흔들리고, 깡통전세에 서울 중심에도 미분양이 속출하는 등 전례 없는 하락장인 것은 사실이다.

하지만 어느 시대이든 경기 침체가 없었던 적이 있었는가? 몇 년 사이 고공행진을 하던 부동산 시세가 그저 살짝 뒷걸음쳤을 뿐이다. 전례 없는 하락장에도 누군가는 부동산에 투자해서 수익을 낸다. 입지 좋은 곳의 꼬마빌딩 건물주는 자산이 불어나는 속도가 감히 상상할 수 없을 정도이다. 당신이 고민하고 머뭇거리는 지금 이 시각에도 행동하는 사람들이 있다.

꼬마빌딩 한 채 가지려면 얼마나 있어야 하나?

강의에서 가장 많이 듣는 질문 중 하나이다. 답은 지역, 규모, 연식 등에 따라 천차만별이다. 아파트와 달리 꼬마빌딩은 같은 지역이라도 가격대가 다양하다. 현장에 가봐야 정확한 예측이 가능하다는 전제하에 대략 서울은 자기자본금 7억~10억 원 정도 있어야 레버리지를 활용해 안정적으로 꼬마빌딩을 매입할 수 있다. 10억 원에서 기타 경비를 포함하면 10~30% 정도 더 필요할 수 있다.

꼬마빌딩에 투자해야 하는 이유는 무엇인가?

월세와 시세차익을 동시에 누릴 수 있는 것이 꼬마빌딩의 매력이다. 주변에 호재가 있거나 입지 좋은 곳은 반드시 지가 상승으로 시세차익을 누릴 수 있다. 그런데 지역 전체를 개발한다거나 주변에 호재가 없다면 건물주들은 어떤 노력을 해야 할까? 바로 빌딩

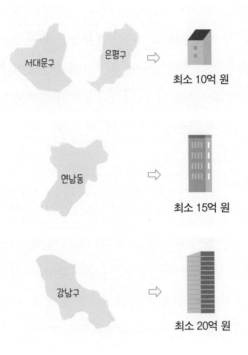

서대문구 은평구 ⇨ 최소 10억 원

연남동 ⇨ 최소 15억 원

강남구 ⇨ 최소 20억 원

의 가치를 올려야 한다.

우리나라에 공시지가가 도입된 이후 전국의 모든 토지의 가격은 지속적으로 상승해왔다. 건물주가 되면 이 모든 가치 상승을 누릴 수 있다. 꼬마빌딩으로 건물주가 되어야 하는 이유가 바로 여기에 있다.

꼬마빌딩의 시세차익은 어떻게 산정하는가?

총 사업비용, 즉 매매금액에 취득세, 신축 혹은 리모델링 비용 등 모든 기타 부대비용을 포함하고 실제 들어간 투자비용을 더한 금액을 재매각 시 100% 수익률로 산정한다.

현금 10억 원을 투자했다면 10억 원의 차익을 얻고 매각할 수 있는지를 계산한다. 10억 원을 투자하고 재매각해서 20억 원(세전)의 시세차익을 볼 수 있어야 한다. 위치만 보고 건물은 보지 않는다. 건물은 신축하든 리모델링하든 위탁운영하든 적합한 방법으로 밸류업을 하면 된다.

꼬마빌딩 투자에서 리스크 관리는 어떻게 하는가?

첫 번째, 잘못된 입지 선정

시세차익을 얻으려고 매입했는데 안 팔리는 경우이다. 이를 방지하려면 매물을 최대한 많이 보고 선택해야 한다. 특히 초기 투자자는 이 과정에서 물건을 보는 안목이 생긴다.

두 번째, 금리 인상

금리 인상과 부동산 가격 하락이라는 변수가 생기면 불안해진다. 그러나 중심 지역은 계속 거래가 이뤄진다. 특히 우리가 컨설팅하는 핵심은 단기수익형 투자가 아닌 시세차익이다. 시세차익이 최종 목표이기 때문에 금리 인상과 무관하다는 뜻이다. 밸류업하는 기간 동안 신축이면 10~12개월, 리모델링일 경우 6~8개월 정도 이자비용을 사업비용으로 생각하고 투자금에 포함해서 통장에 넣어놓고 사업을 진행한다면 큰 리스크가 없다. 혹시 모를 공사의 지연을 대비해 조금 더 여유 자금을 가지고 진행하자. 이자도 사업비용이다.

예를 들어 한 달 이자가 900만 원이었는데 현재는 올라서 1,100만 원이라고 하자. 1년에 2,400만 원이 추가로 지출된다. 그러나 중심 지역은 시세차익이 크므로 금리 인상은 내 자산 증식에 크게 영향을 끼치지 않는다.

세 번째, 불확실한 매도 계획

계약 전부터 얼마에 매도할지 빠르게 분석하고 진행해야 한다. 어디에 건물을 사면 오르겠지 하고 막연하게 생각해서는 안 된다. 이를 방지하기 위해서는 반드시 전문가와 함께 확실한 매도 계획을 세우고 계약을 진행해야 한다.

네 번째, 명도와 공실

공실을 줄일 수 있는 무기는 디테일에 있다. 또한 건물을 매입하고 신축이나 리모델링 후 통임대로 진행하면 공실 리스크를 피할 수 있다. 명도 또한 협의의 과정으로 생각하고 접근한다.

다섯 번째, 환금성

구매도 쉽지 않지만 되팔기도 어렵기 때문에 모든 과정을 특화된 전문가와 함께하는 것이 중요하다. 계약할 때부터 매각할 때까지 자금계획표를 확인하고, 임대가 가능한 입지인지 매각이 가능한 입지인지를 분석한 후에 매입해야 한다.

여섯 번째, 아파트와 다르다

아파트는 표준화된 부동산이지만 꼬마빌딩은 비표준화된 부동산이다. 그러므로 반드시 전문가와 함께하는 것이 위험을 피할 수 있는 방법이다.

| 부록 4 |

오늘도 내 건물을 꿈꾸는 사람들의 후기

내가 김진영 대표님에게 요청한 것은 딱 3가지였다. 첫째, 내가 살 수 있는 가격대의 새 건물, 둘째, 지하철역에서 가까울 것, 셋째, 적절한 임대수익이다. 내가 말하면서도 이런 건물이 있을까 싶었는데 예상외로 빨리 찾았다. 더구나 내부 인테리어까지 원하던 구조여서 상당히 만족스러웠다. 재매각까지 부탁할 생각이다.

- 50대 강남 건물주

김진영 대표가 우리 글로우서울에 위탁운영을 맡긴 꼬마빌딩들은 완전 중심 상권들이다. 그 정도면 상위 10%에 속한다. 어떻게 매번 그런 건물들을 찾아오는지 놀랍고 대단하다. 김진영 대표는 투자자들에게 '이거 하라, 다음은 이렇게 하면 된다'라고 결단

244

력 있게 말한다. 주변에서 인정한 젊은 실력가임에 틀림없다. 이 책을 통해 독자들도 김진영 대표가 제공하는 투자 기회와 방향, 정보를 놓치지 않았으면 한다.

- 위탁운영업체(글로우서울) 부대표

빌딩진영쌤이 운영하는 아카데미에 참여했던 20대 투자자이다. 투자 정보에 관한 유튜브나 책에 비해 10배는 더 실용적인 것 같다. 일단 설명이 꼼꼼하고 친절하다. 건물 하나하나를 설명할 때는 마치 본인의 건물을 사는 것처럼 진심으로 열정적이다. 빌딩진영쌤의 도움을 받아 올해 안에는 꼭 좋은 건물을 살 생각이다.

- 빌딩진영쌤 아카데미 1기 수강생

40대 직장인이다. 그동안 지식업무센터나 사무용 빌딩만 알아보다가 최근 들어 '수익형 부동산'에 관심이 생겼다. 나름 알아준다는 부동산 강의들도 많이 들으러 다녔는데 생각보다 어렵고 막연해서 실질적인 건물 투자 정보를 구하기가 쉽지 않았다. 그런데 빌딩진영쌤의 강의를 통해 수익 실현 사례별(신축, 리모델링, 위탁운영)로 실제 투입된 금액과 투자금이 불어나는 과정까지 듣다 보니 막연했던 실체가 잡히는 것 같았다. 수익 실현의 비법을 모두 알려준 빌딩진영쌤 덕분에 꼬마빌딩 투자의 진입 장벽이 낮아졌다.

- 빌딩진영쌤 아카데미 1기 수강생

40대 자영업자이다. 주택이나 세금에 대한 규제 때문에 빌딩 투자에 관심을 두게 되어 빌딩진영쌤 아카데미에 참여했다. 빌딩진영쌤이 직접 운영하는 현장 강의 투어를 신청해 실제 사례들을 접하고 공부하면서 내가 앞으로 사려는 건물에 대해 많은 영감을 얻었다. 어떤 입지에, 어떻게 가치를 높이고, 어떤 시야를 가지고 건물을 찾아야 하는지에 대한 전반적인 부분들을 알게 되어서 특히 좋았다. 궁금한 것이 있으면 현장에서 바로 질문할 수 있고 그에 대해 구체적으로 답해주니 더욱 큰 도움이 되었다.

- 빌딩진영쌤 아카데미 1기 수강생

30대 직장인이다. 평소 주거용 꼬마빌딩에 관심이 많았는데, 곧 결혼을 앞두다 보니 작은 건물이라도 내 명의의 건물을 가지고 싶어 빌딩진영쌤 아카데미 수업을 듣게 되었다. 조만간 부동산 투자를 할 텐데 시장의 상황 등을 미리 공부하고 인맥을 쌓는 데 큰 도움이 됐다.

- 빌딩진영쌤 아카데미 2기 수강생

30대 프리랜서다. 솔직히 우리 세대가 근로소득만 가지고 종잣돈을 마련해서 투자하는 것은 너무 먼 이야기이지 않은가. 그래서 꼬마빌딩 투자는 남의 이야기라고 생각했다. 그런데 빌딩진영쌤 아카데미에 참여하고 가용자산에 레버리지를 이용해 투자한 사례와 소액 투자자들이 공동투자에 성공한 사례를 보고 나도 건물주가 될 수 있겠다는 무한한 자신감이 생겼다. 번번이 생각지도 못했던 방향을 제시해주시니 감사할 뿐이다.

전업주부이다. 결혼생활 19년 동안 5억 원을 모았다. 종잣돈이 적다 보니 공동투자를 생각하고 있다. 빌딩진영쌤도 두 아이를 키우는 워킹맘이어서 그런지 일반인들, 특히 나 같은 주부들이 접근하기 힘든 현장 투어나 알기 어려운 부동산 정보를 친절하게 꼭꼭 눌러 알려주어서 좋다. 꼬마빌딩을 투자할 때 중요한 것은 무엇보다 입지라는 것과 강의 때 알려주신 0원에서 시작하는 출발 자금 굴리기 비법으로 얼른 부자의 반열에 들어서고 싶다.

수많은 경험담을 알려주시니, 실전에서 어떻게 투자해나가야 할지 방향이 잡혔다. 빌딩진영쌤 덕분에 시행착오도 최대한 줄일 수 있을 것 같다.

나는 건물주로 살기로 했다

초판 1쇄 발행 2023년 6월 23일
초판 4쇄 발행 2023년 7월 6일

지은이 김진영
펴낸이 신경렬

상무 강용구
기획편집부 최장욱 송규인
마케팅 신동우
디자인 박현경
경영지원 김정숙 김윤하
제작 유수경

편집 추지영
표지 디자인 굿베러베스트
본문 디자인 cre.8ight
기획 이진아콘텐츠컬렉션

펴낸곳 ㈜더난콘텐츠그룹
출판등록 2011년 6월 2일 제2011-000158호
주소 04043 서울시 마포구 양화로 12길 16, 7층(서교동, 더난빌딩)
전화 (02)325-2525 | **팩스** (02)325-9007
이메일 book@thenanbiz.com | **홈페이지** www.thenanbiz.com

ISBN 979-11-982928-4-1   13320